VIES ET OEUVRES

DES

PEINTRES LES PLUS CÉLÈBRES.

VIES ET OEUVRES

DES

PEINTRES LES PLUS CÉLÈBRES

DE TOUTES LES ÉCOLES;

RECUEIL CLASSIQUE

CONTENANT

L'ŒUVRE complète des Peintres du premier rang et leurs Portraits; les principales Productions des Artistes de 2e. et 3e. classe; un Abrégé de la Vie des Peintres Grecs, et un choix des plus belles Peintures antiques;

RÉDUIT ET GRAVÉ AU TRAIT,

D'APRÈS les Estampes de la Bibliothèque nationale et des plus riches Collections particulières;

PUBLIÉ PAR C. P. LANDON, Peintre, ancien Pensionnaire du Gouvernement à l'Ecole Française des Beaux-Arts à Rome, Membre de plusieurs Sociétés Littéraires, Éditeur des Annales du Musée.

A PARIS,

Chez L'AUTEUR, Quai BONAPARTE, N°. 23.

IMPRIMERIE DE CHAIGNIEAU AÎNÉ.
AN XI. — 1803.

AUX ARTISTES

DE L'ÉCOLE FRANÇAISE

PEINTRES, SCULPTEURS, ARCHITECTES
ET GRAVEURS,

HOMMAGE

D'ESTIME, DE RESPECT ET D'ATTACHEMENT.

C. P. Landon.

ÉCOLE LOMBARDE.

VIE
ET ŒUVRE COMPLÈTE
DE
DOMINIQUE ZAMPIERI,
DIT
LE DOMINIQUIN.

AVIS

DE L'ÉDITEUR.

En annonçant l'Œuvre complète des Peintres du premier rang, je me suis engagé à donner le trait, non-seulement des Estampes que l'on peut se procurer à la Bibliothèque nationale et dans les Collections particulières, mais encore des Tableaux ou Dessins inédits qui parviendraient dans la suite à ma connaissance. Mes recherches n'ont pas été infructueuses; j'ai trouvé dans quelques portefeuilles d'Amateurs et d'Artistes un grand nombre d'objets qui manquent à la Bibliothèque nationale; et ces porte-feuilles, quoique très-incomplets pour la plupart, m'ont fourni des pièces rares et peu connues. En les publiant, j'aurai donc l'avantage d'offrir la Collection la plus complète qui ait paru jusqu'à ce jour.

Cependant je ne m'abuse pas au point de présumer que j'aurai pu réunir sans exception toutes les Productions des premiers Maîtres, sur-tout celles qui n'ont pas été publiées par la gravure. Il en existe un certain nombre dans des cabinets particuliers, soit en France, soit dans l'Étranger, dont il est difficile et peut-être impossible de se procurer les Dessins; mais cette considération n'a pas dû m'arrêter dans la confection rapide de l'Ouvrage, puisqu'il y aura un volume de supplément pour les pièces qui ne seraient découvertes qu'après la publication de l'Œuvre de chaque Maître.

Comme il arrive quelquefois que des Amateurs conservent d'intéressantes Compositions dont l'originalité n'est pas authentique, j'userai de la plus grande réserve dans le choix de ces différens morceaux; aimant mieux, dans le doute, m'abstenir de les insérer dans ce Recueil, que d'offrir quelques Productions indignes de l'Artiste à qui elles seraient attribuées sans motifs suffisans.

J'ai annoncé dans le *Prospectus* de cet Ouvrage soixante-douze planches par volume, parmi les-

AVIS DE L'EDITEUR.

quelles il y en aurait quelques-unes doubles, dont chacune, selon l'usage, serait comptée pour deux planches. Le nombre prescrit se trouve complété dans ce volume par quarante-huit planches simples et douze doubles. Ces dernières, comme il est facile de le vérifier, sont les planches II, IV, VI, VIII, XII, XIV, XXVIII, XXXVIII, XLVIII, LI, LVIII et LX.

Les planches doubles auraient été plus faciles à distinguer, si j'eusse conservé le format *in-4°* ordinaire annoncé dans le *Prospectus*, et alors il eût été indispensable de les plier. Mais comme le pli nuit à l'effet de la gravure, j'ai adopté un *in-4°* d'un plus grand format qui permet le développement des planches doubles, et ce changement est tout à l'avantage des Souscripteurs.

Quant à la classification des planches, je n'ai pu, sans m'exposer à laisser des lacunes considérables, adopter celle de la Bibliothèque nationale, où les Estampes, conservées dans des livres ou dans des porte-feuilles, peuvent en tout temps être placées dans un ordre nouveau : on y présente d'abord les

AVIS DE L'ÉDITEUR.

sujets de l'Ecriture-Sainte, ensuite les sujets de l'Histoire profane; et ceux-ci sont suivis des Compositions mythologiques. Mais j'ai pensé qu'il y aurait autant d'exactitude et plus de variété à les offrir dans un ordre différent, en ne cherchant qu'à réunir autant que possible les Tableaux qui décorent le même Édifice ou la même Galerie, quel que soit le caractère des sujets que l'Artiste ait traités.

Plus jaloux de présenter aux Amateurs un trait pur des Compositions des grands Maîtres, que de leur offrir des épreuves de planches qu'un burin âpre et vigoureux rend inépuisables aux dépens de la netteté et de la grâce des contours, j'ai cru qu'il était essentiel que toutes les Gravures de ce Recueil eussent la légèreté de touche nécessaire pour rendre la finesse des détails, et conserver en même temps la correction des formes.

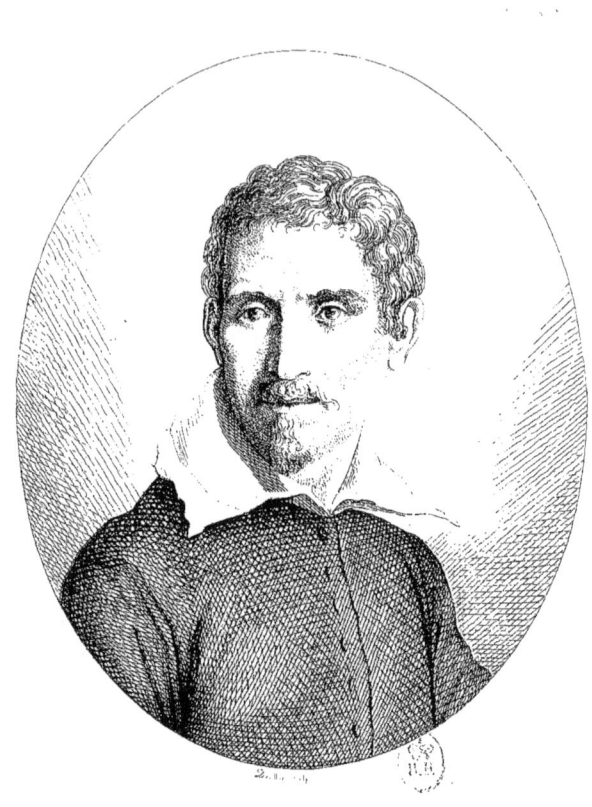

VIE

DE DOMINIQUE ZAMPIERI,

DIT

LE DOMINIQUIN.

Si le principal objet de la peinture est l'expression des passions humaines, quel peintre eut une plus haute idée de son art que Dominique Zampieri, qui dirigea vers ce but toutes les facultés d'un génie méditatif? et si les persécutions de l'envie et de la médiocrité, toujours acharnées contre les talens d'un ordre supérieur, ne font qu'ajouter à l'intérêt qu'ils inspirent, quel autre que lui eut plus de droits à la bienveillance et aux regrets de ses contemporains? En effet, né dans un état obscur, après avoir lutté contre toutes sortes d'obstacles, employé ses plus belles années à créer des chefs-d'œuvre souvent méconnus ou avilis, il ne cessa jamais d'être patient et modeste. Victime de la jalousie, il périt enfin sans avoir joui paisiblement du fruit de ses travaux, ni de la célébrité qui en est la plus digne récompense.

Dominique Zampieri naquit à Bologne, d'un simple cordonnier, le 21 octobre 1581. Son père, malgré la gêne où il vivait, entreprit de lui donner quelque éducation, ainsi qu'à Gabriel, son fils aîné. Celui-ci fut d'abord destiné à la peinture, et placé chez Denis Calvart, peintre flamand qui s'était depuis long-temps établi à Bologne : Dominique fut initié dans l'étude des lettres, et l'ambition de ses parens se bornait à le voir un jour exercer, dans l'église ou au barreau, un emploi lucratif qui pût leur apporter quelque aisance et adoucir leur sort.

Mais Zampieri n'avait pas consulté les dispositions naturelles de ses enfans. Gabriel ne faisait aucuns progrès dans le dessin, et Dominique, quoique assez avancé dans ses études, y montrait peu de goût et s'échappait de son école, soit pour tracer quelques figures, soit pour se rendre chez un peintre qui demeurait dans son voisinage et qu'il prenait grand plaisir à voir travailler.

Le père, averti de cette conduite, après avoir réprimandé et maltraité son fils, le reconduisit chez son maître, et pria celui-ci de le punir sévèrement toutes les fois qu'il s'écarterait de ses devoirs.

Ces précautions furent inutiles : le penchant du jeune Dominique résista à toutes les menaces. Enfin Gabriel ayant représenté à son père qu'il serait bon de mettre à profit le germe d'un talent qui pourrait devenir aussi avantageux pour Dominique que l'état auquel on le destinait malgré lui, il obtint de le faire entrer à sa place chez Denis Calvart, et dès-lors il renonça lui-même à la carrière des arts pour celle des belles-lettres, qui avait pour lui plus d'attrait.

Denis Calvart ne tarda pas à connaître les heureuses dispositions de son nouvel élève; il lui donna les mêmes principes que le Guide et l'Albane avaient reçus dans son école avant qu'ils l'eussent quittée pour passer dans celle des Caraches : mais Dominique prenait moins de plaisir à copier les dessins du peintre flamand, que des estampes d'Augustin qu'il s'était procurées. Son maître le surprit un jour occupé à dessiner secrètement d'après une de ces gravures; il s'emporta contre lui, et rappelant une querelle qu'il lui avait faite quelques jours auparavant, au sujet d'un tableau que Dominique avait laissé tomber, et qui s'était un peu endommagé, il s'en fit un prétexte pour le frapper avec brutalité, et le chassa de chez lui, la tête ensanglantée.

Dominique n'osait paraître devant son père, dans la crainte d'un nouveau châtiment; il se glissa furtivement dans la maison, et alla se cacher dans une chambre inhabitée d'où il pouvait entendre les discours de ses parens. Il y passa la nuit; mais, pour faire cesser les inquiétudes que causait sa fuite, il se présenta le lendemain devant eux. Ils furent touchés du triste état où ils le virent, et le récit naïf qu'il leur fit acheva de désarmer leur colère. Alors il fut décidé que l'on chercherait le moyen de le recommander aux Caraches. Mais Zampieri était trop pauvre pour payer à ces maîtres la rétribution qu'ils avaient coutume d'exiger de leurs élèves. Dominique offrit pour compensation, de remplir dans l'academie divers emplois confiés ordinairement à des mains mercenaires ; car son amour pour la peinture était si ardent, que rien ne pouvait le rebuter, pourvu qu'il lui fût permis de travailler sous la conduite d'artistes aussi célèbres. Augustin, à qui il fut présenté d'abord, l'introduisit auprès de Louis son cousin, qui le reçut avec d'autant plus d'affection que c'était en quelque sorte pour l'amour d'eux qu'il avait été maltraité par son premier maître.

Admis dans l'école des Caraches, Dominique travailla avec la plus grande assiduité. Il s'appliqua non seulement à copier les dessins d'Augustin, dont il tâchait d'imiter exactement les contours, mais encore à saisir les caractères et l'expression des passions qu'il voyait représentées, et dont il cherchait à découvrir les causes, ainsi que les signes extérieurs.

Ses maîtres louaient son intelligence, et présagèrent ce qu'il deviendrait un jour. Il s'en fallait beaucoup que les élèves en eussent une opinion aussi avantageuse. Sa contenance timide, embarrassée, et sa lenteur dans le travail les avaient prévenus défavorablement. Ils furent confirmés dans cette idée, quand ils virent qu'à mesure qu'il acquiérait des connaissances, il travaillait moins, et qu'il s'éloignait de cette hardiesse et de cette promptitude que la plupart d'entre eux regardaient comme la marque du vrai talent. Ils avaient adopté ce système parce qu'en effet Louis Carache, que de plus hautes qualités rendaient recommandable, avait obtenu, par une longue pratique, cette facilité de pinceau que l'on ne doit réellement estimer que lorsqu'elle est unie aux parties essentielles de l'art ; mais Dominique ne se laissait point séduire par un mérite superficiel ni par des apparences trompeuses.

Infatigable dans le travail, tourmenté du désir d'atteindre à la perfection, il n'était presque jamais content de lui-même ; il méditait long-temps avant de rien entreprendre, effaçait, recommençait plusieurs fois la même composition, et s'affligeait sincèrement lorsqu'il n'avait pas réussi. Echauffé par la lecture des historiens et des poëtes, il s'attachait de préférence aux sujets pathétiques. Pour saisir des expressions naturelles, il fréquentait les lieux ou la multitude se rassemble, observait la vivacité naïve des enfans, la lenteur et la gravité des vieillards, les douces émotions des femmes et les mouvemens énergiques des hommes dans la vigueur de l'âge ; caché dans son manteau, il faisait un léger trait au crayon de ces différentes attitudes, et rentrait aussitôt chez lui pour en arrêter les contours. Ces études particulières, dont l'usage était peu connu ou peu estimé des camarades de Dominique, le tenaient presque toujours éloigné d'eux, et le firent soupçonner d'irrésolution, d'indolence et même d'incapacité. Mais ce fut à cette époque, et dans l'âge le plus tendre, qu'il obtint sur ses émules une prééminence qu'ils lui auraient vainement disputée.

Louis Carache avait établi dans son école un concours qui avait lieu plusieurs fois dans l'année; on y proposait aux élèves la composition d'un dessin dont le sujet était tiré de l'histoire ou de la mythologie, et celui qui l'avait traité avec le plus de succès recevait le titre de *Prince de l'académie*. Dominique hasarda de placer secrètement son ouvrage parmi ceux de ses concurrens, et trois fois son dessin fut jugé supérieur aux autres, sans qu'il se fit connaître. Chacun s'étonnait que l'auteur de l'ouvrage couronné pût renoncer à l'honneur qui devait lui en revenir : enfin, après beaucoup de recherches inutiles, Augustin ayant questionné l'un après l'autre tous les élèves, s'adressa à Dominique qui se tenait modestement à l'écart; son silence et sa rougeur le trahirent, et l'espèce de mépris qu'on lui avait marqué jusqu'alors se changea aussitôt en sentimens d'affection et d'estime. Ce premier triomphe fut l'origine de sa réputation; et, tant à cause de son extrême jeunesse que de son empressement à se rendre utile à ses camarades, il reçut d'eux, en témoignage d'amitié, le surnom de Domeniquin (*Domenichino*), que l'honneur d'un si glorieux succès lui fit conserver toute sa vie.

Ce fut alors qu'il commença à manier le pinceau. Ses premiers tableaux, quoiqu'exécutés avec peu de facilité, montrèrent une justesse d'expression et une force de relief que l'on ne trouvait pas dans ceux des autres élèves, qui avaient une manière plus expéditive, et peut-être une plus grande vivacité d'imagination. Louis Carache, le voyant sans cesse appliqué à l'étude, le leur proposait pour exemple; car le grand désir qu'avait le Dominiquin de s'instruire dans toutes les parties de son art le tenait constamment auprès de son maître, dont il observait avec soin la conduite, non-seulement dans la composition et la disposition de ses ouvrages, mais encore dans l'exécution des détails.

Si le Dominiquin paraissait lent dans ses conceptions, et se fixait difficilement dans le choix de ses idées, il était bien différent lorsqu'il ne s'agissait plus que de les exprimer sur la toile. Quand il avait arrêté ses contours et donné les premiers coups de pinceau, il demeurait tellement attaché au travail, qu'il fallait l'en tirer comme par force, même pour prendre du repos ; et cette application lui devint si naturelle qu'il la conserva toujours.

Lorsqu'il fut dans un âge plus avancé, il se lia d'amitié avec l'Albane qui avait quelques années de plus que lui. Ils travaillaient ensemble, et, tendant au même but, ils se communiquaient leurs idées, employaient les mêmes moyens, et se donnaient réciproquement des avis également profitables à tous deux. Leur intimité ne se démentit jamais dans la suite.

Ils allèrent ensemble à Parme, à Reggio, à Modène, où la vue des tableaux du Corrège et du Parmesan leur fit connaître l'union des formes *grandiôses* et des grâces du pinceau. Quelque temps après, l'Albane se rendit à Rome, pour voir la galerie qu'Annibal Carache peignait au palais Farnèse, et il promit au Dominiquin, affligé d'une si cruelle séparation, de le faire venir à Rome aussitôt qu'il y aurait obtenu un établissement plus solide que celui qu'il pouvait espérer dans sa patrie.

Six mois s'étaient écoulés depuis le départ de l'Albane,

sans que le Dominiquin eût éprouvé l'effet de ses promesses. Impatient de l'aller joindre, et sur-tout excité par la vue de quelques dessins faits d'après les ouvrages d'Annibal Carache, dans la galerie du palais Farnèse, que l'Albane avait envoyés à Louis pour placer dans l'école, il partit subitement pour Rome, et arriva chez son ami sans y être attendu. Celui-ci, enchanté de revoir son ancien camarade, l'accueillit avec joie, le logea dans sa propre maison, et le défraya de tout pendant près de deux ans.

A la recommandation de l'Albane, le Dominiquin fut reçu dans l'école d'Annibal, et s'y montra fort assidu. Le maître fut d'autant plus charmé de s'attacher un jeune homme qui donnait les plus hautes espérances, qu'il forma secrètement le dessein de le donner pour rival au Guide, dont il voyait avec quelque jalousie la réputation s'élever au-dessus de celle des autres élèves. Ainsi tandis que Louis, à Bologne, lui opposait le Guerchin, Annibal se proposa, à Rome, le même but en faisant valoir les talens du Dominiquin, qu'il trouvait supérieur au Guide sous plusieurs rapports. Il ne négligea rien pour hâter ses progrès; et voulant le protéger d'une manière particulière, il ne tarda pas à lui fournir l'occasion de débuter avec avantage.

Annibal ayant été obligé d'employer l'Albane aux peintures de la chapelle *Errera*, et pour cet effet de le détacher des travaux de la galerie Farnèse, fit choix du Dominiquin pour l'aider dans ce dernier ouvrage. Non-seulement il le fit peindre d'après ses cartons, mais encore il l'engagea à exécuter quelque chose de son invention dans la loge du jardin contigu à cette galerie. Le Dominiquin y représenta Adonis tué par le Sanglier. La douleur de Vénus était si bien exprimée, les diverses actions des amours qui l'accompagnent parurent si conformes au sujet, qu'Annibal en éprouva une satisfaction extraordinaire. Ce tableau fut le premier que le Dominiquin peignit à Rome.

Après avoir terminé cet ouvrage, il fit chaque jour de nouveaux progrès, soit dans le dessin, soit dans l'art de disposer ses figures, soit dans l'expression des passions : mais plus il se rendait agréable au Carache, plus il excitait la jalousie des autres peintres. Ils s'indignèrent tellement des louanges qu'il recevait, qu'ils lui vouèrent une haine implacable, dont il ressentit les effets tout le reste de sa vie.

Lanfranc, élevé comme lui dans l'école des Caraches, commença dès-lors à blesser toutes les convenances, et à le discréditer en toute occasion. Antoine Carache, fils naturel d'Augustin, eut la faiblesse de se joindre aux détracteurs de ce grand peintre. Ils prétendaient que le Dominiquin manquait d'esprit et d'invention, et que ses ouvrages sentaient le joug; ils en vinrent jusqu'à lui donner par dérision le nom de *bœuf*, et ce fut au sujet de cette dénomination injurieuse, qu'Annibal leur fit cette réponse si connue : « Que ce bœuf labourait un champ fertile qui nourrirait la peinture. » Ce mot d'Annibal n'atteste pas moins la noblesse de ses sentimens que l'excellence de son goût; car, de tous les peintres alors vivans, le seul qui pût lui donner de l'ombrage et lui disputer le premier rang, c'était le Dominiquin.

Dom Francesco Polo, maître des cérémonies du pape, auquel il avait été recommandé par l'Albane à son arrivée à Rome, lui acquit l'estime et la protection de M^r. J. B. Agucchi, d'une famille distinguée de Bologne, et digne de sentir tout son mérite. Celui-ci voyant que les critiques que l'on faisait du Dominiquin, quelque outrées qu'elles fussent, n'en portaient pas moins atteinte à sa réputation et à sa fortune, voulut le soustraire à cet état pénible, et lui procurer une existence assurée; il pria le cardinal Jérôme Agucchi, son frère, de lui confier des travaux et de se l'attacher.

Il s'en fallut peu que les bonnes intentions des deux frères ne fussent infructueuses pour le Dominiquin. Son maintien embarrassé, son extrême timidité, et sa lenteur à s'exprimer prévinrent défavorablement le cardinal; il pensa qu'un homme qui se présentait sous des dehors si peu avantageux ne pouvait avoir un talent distingué. M. Agucchi ne se rebuta pas; et pour ramener son frère à des sentimens plus équitables, il engagea le Dominiquin à faire secrètement un tableau à l'huile réprésentant S. Pierre délivré de prison par l'Ange. Quand il l'eut terminé avec tout le soin possible, M. Agucchi le fit placer dans une des chambres du palais du cardinal. Celui-ci admira le tableau, le fit voir à des connaisseurs, et s'étant confirmé dans l'opinion avantageuse qu'il en avait, il voulut en connaître l'auteur. Alors son frère lui raconta le stratagême auquel il avait eu recours. Le tableau fut placé dans l'église de Saint-Pierre *in Vincoli*, où on le voit encore, et le cardinal se décida à employer le pinceau du Dominiquin.

Il peignit d'abord sous le portique de l'église de Saint-Onufre, trois sujets de l'histoire de S. Jérôme, son baptême, sa flagellation par l'Ange, et la victoire qu'il remporte sur les tentations du démon. Ces trois tableaux furent généralement estimés.

On aura souvent occasion de remarquer dans la vie du Dominiquin, qu'au moment où il commençait à triompher de sa mauvaise fortune, quelque accident imprévu lui présentait de nouveaux obstacles, et semblait renverser toutes ses espérances. Le cardinal, dont il avait eu tant de peine à obtenir l'estime, mourut peu temps après.

Le Dominiquin fut chargé d'orner le tombeau de son protecteur. Il donna le dessin de ce monument, au-dessus duquel il peignit, dans un ovale, le portrait du cardinal, soutenu par deux sphinx. Il voulut même, par reconnaissance, y exécuter en marbre, de sa propre main, quelques-uns des ornemens, entre autres une des deux têtes de bélier que l'on voit sur le devant du tombeau.

Assuré des talens du Dominiquin, M. Agucchi le logea, et lui fit une pension. L'aisance et la tranquillité d'esprit dont il jouit alors ne furent pour lui qu'un motif de plus pour se livrer entièrement à l'étude de son art ; bien différent en cela de de quelques artistes célèbres à qui une pareille situation n'inspira que le dégoût du travail, il fit un grand nombre de tableaux à l'huile de différentes grandeurs. C'est à cette époque que l'on doit rapporter tous ceux d'une proportion moyenne dont il eut le loisir de s'occuper. Ces divers ouvrages, après avoir éprouvé plusieurs déplacemens successifs, sont maintenant répandus dans toute l'Europe. Les principaux sont à Paris, et font partie du Musée central *.

M. Agucchi ne cessait de faire valoir les talens du Dominiquin. Devenu majordome du cardinal Aldobrandin, neveu de Clément VIII, il le proposa au cardinal pour décorer sa *villa Belvedere*, dont le palais venait d'être bâti. Le Dominiquin y peignit divers sujets de l'histoire d'Apollon.

Annibal Carache, enchanté de la manière ferme et étudiée de son élève, s'employait de plus en plus à lui procurer les occasions de faire briller son talent; il lui fit peindre sur une des portes de la galerie Farnèse une jeune Fille avec une Licorne, devise de la maison Farnèse.

Le Dominiquin se rendit ensuite à l'abbaye de *Grotta Ferrata*, à dix milles de Rome, où il peignit dans une chapelle, pour le cardinal Odoard Farnèse, plusieurs actions miraculeuses de S. Nil et de S. Barthélemy, et d'autres sujets de dévotion. Ce fut Annibal qui lui fit obtenir cette entreprise.

Parmi ces tableaux, qui jouissent d'une grande réputation, il y en a un qui mérite une attention particulière, en ce qu'il rappelle une anecdote intéressante de la vie du Domi-

* La nomenclature de ces différens tableaux est contenue dans la table des planches.

niquin; c'est celui où l'on voit S. Nil recevant la visite de l'empereur Othon III. Le jeune homme richement vêtu qui paraît s'éloigner d'un cheval fougueux offre le portrait d'une jeune fille de *Frascati* dont le Dominiquin était amoureux, et que ses parens avaient refusé de lui donner en mariage. Un jour elle vint avec sa mère dans la chapelle où il travaillait; il saisit l'occasion de faire son portrait sans qu'on s'en aperçût, et le plaça dans le tableau. Le changement de costume n'empêcha pas qu'on la reconnût : les parens éclatèrent en menaces contre le Dominiquin, qui naturellement timide, quitta précipitamment *Grotta Ferrata* pour se soustraire à leur ressentiment, et retourna à Rome.

S'il trouva dans Annibal Carache un maître qui sut rendre justice à son mérite, il eut aussi dans l'Albane un véritable ami, qui ne négligeait aucune occasion de lui être utile. L'ardeur avec laquelle il contribuait aux succès du Dominiquin, le plaisir qu'il avait à se l'associer dans ses travaux sans craindre un concurrent aussi redoutable, honoreront toujours sa mémoire. Le marquis Justiniani faisait travailler l'Albane dans son château de Bassano, et celui-ci, à force de combler d'éloges le Dominiquin, décida le marquis à lui confier les peintures de l'une des chambres. Il y représenta plusieurs traits de l'histoire de Diane.

La manière dont il s'acquitta de ce travail ajouta beaucoup à sa réputation. Annibal, qui ressentait déjà les atteintes du mal qui peu de temps après le mit au tombeau, obtint par le crédit du cardinal Scipion Borghèse, que l'on confiât au

Dominiquin, dont il connaissait les talens en architecture, tout ce qui avait rapport à la décoration intérieure de la chapelle dédiée à S. André, dans l'église de Saint Grégoire, sur le mont Cœlius * : il lui procura encore un des deux grands tableaux que l'on voit dans cette chapelle. Le Guide fut chargé de peindre le tableau qui lui est opposé.

La postérité, qui seule peut assigner aux grands artistes le rang qui leur convient, a placé le Guide au-dessous du Dominiquin ; les contemporains de ces deux peintres célèbres n'en jugeaient pas ainsi, et ce fut particulièrement dans cette circonstance que la partialité se manifesta. On établit, contre toute justice, une extrême disproportion dans le prix de leurs travaux. La fresque qui représente la flagellation de S. André ne fut payée au Dominiquin que 150 écus romains (environ 750 fr.), tandis que le Guide en reçut 400 pour celle où il a peint le Saint à genoux devant la croix. Quand les deux tableaux furent exposés aux regards du public, la plupart des spectateurs donnèrent la palme au Guide; mais le suffrage d'Annibal dut consoler le Dominiquin. « Son ouvrage est d'un écolier, dit-il; celui du » Guide est d'un maître : mais le maître ne vaut pas l'écolier. » Ce mot du Carache est célèbre; on ne pouvait mieux caractériser la supériorité d'un talent du premier ordre, qui n'est point encore arrivé à son point de perfection, sur celui qui a déja atteint le but d'une carrière plus bornée.

* Ce mont était un des sept de l'ancienne Rome ; il se trouve maintenant hors des murs, près du Colisée et de l'arc de Constantin.

A cet éloge se joignit un autre suffrage du plus grand poids; le sentiment de la nature, plus sûr que tous les raisonnemens. Une vieille femme, de la classe du peuple, étant venue un jour dans la chapelle avec un jeune enfant, et ayant été frappée des caractères expressifs de tous les personnages de ce tableau, elle lui dit : « Voyez, mon enfant, avec quelle » fureur ces bourreaux tourmentent le Saint : remarquez » celui qui le menace avec un visage enflammé de colère; » cet autre qui emploie toutes ses forces pour lui serrer les » pieds avec des cordes; et comme la foi soutient le martyr » au milieu de ses tourmens. Il lève les yeux au ciel et semble » se réjouir de son supplice ». Après avoir prononcé ces paroles, la vieille se retourna, les larmes aux yeux, jeta un regard froid et indifférent sur le tableau du Guide, et sortit de la chapelle sans paraître y faire attention.

Rebuté des contrariétés et des injustices que ses ennemis lui faisaient éprouver, le Dominiquin avait résolu de retourner à Bologne, lorsqu'un de ses amis, prêtre de Saint Jérôme de la Charité, lui procura l'exécution du tableau destiné pour le maître-autel de cette église. Il peignit alors sa célèbre Communion de S. Jérôme : cet ouvrage est son chef-d'œuvre : on connaît le jugement qu'en a porté depuis le Poussin. Ce grand maître regardait la Transfiguration de Raphaël, la Descente de Croix de Daniel de Volterre, et la Communion de S. Jérôme du Dominiquin, comme les trois ouvrages les plus parfaits que l'art eût produits. Ce dernier tableau, sublime par la vérité des expressions, ne fut payé que cinquante écus (250 francs). Les envieux du Dominiquin, forcés d'en reconnaître les beautés, prirent le parti de dire hautement que cette composition n'était qu'une réminiscence ou un plagiat. Lanfranc, toujours acharné contre lui, se rappela qu'Augustin Carache avait autrefois traité le même sujet pour la Chartreuse de Bologne, et prétendit que le Dominiquin, incapable de mettre au jour un grand ouvrage de son invention, s'était approprié la pensée d'Augustin. Pour appuyer son assertion, il fit graver la composition de ce dernier, par François Perrier, son élève, et répandit cette estampe dans Rome. Son accusation, tout injuste qu'elle était, avait cependant quelque apparence de raison; car on ne peut se dissimuler que le Dominiquin a puisé dans le tableau de son maître la marche de la composition et la disposition générale des figures; mais il est impossible d'en citer aucune qui ne soit de sa propre invention; d'ailleurs, quel que soit le mérite de l'ouvrage d'Augustin, on est loin d'y trouver la beauté et la vérité des détails, l'énergie des caractères, et sur-tout cette abondance d'expressions pathétiques qui ennoblissent la pensée, et assurent au Dominiquin la supériorité qu'on essaya vainement de lui contester. La gravure du tableau d'Augustin, publiée par Lanfranc, ne produisit pas l'effet qu'il s'en était promis; elle ne servit qu'à mettre au jour sa malveillance, et affermit encore la réputation de son rival. Le tableau de la Communion de S. Jérôme fut terminé en 1614; le Dominiquin était alors âgé de 33 ans.

Si le chef-d'œuvre dont il venait d'enrichir la peinture ne

réduisit pas ses ennemis au silence, il augmenta du moins le nombre de ses partisans, et de toutes parts on lui proposa de nouveaux ouvrages. Il travailla en concurrence avec Lanfranc, le Guerchin et Josépin, dans un palais de Rome qui a depuis appartenu au marquis *Costaguti* ; il y représenta dans un plafond Apollon conduisant son char, et faisant resplendir de lumière la Vérité soutenue par le Temps. Il peignit aussi, pour le marquis *Mattei*, à la voûte d'une petite chambre, l'histoire de Jacob et de Rachel. Mais il eut bientôt occasion de déployer ses talens dans une entreprise plus considérable. Il fut chargé de décorer de peintures à fresque la chapelle de Sainte Cécile, dans l'église de Saint Louis des Français. Les tableaux qu'il y fit sont mis avec justice au rang de ses meilleures productions. Ils représentent les principaux événemens de la vie de S.te Cécile. On voit dans les deux premiers la Sainte distribuant son bien aux pauvres, et le moment où elle refuse de sacrifier aux idoles ; dans le troisième, elle est représentée à genoux, avec Valerian son mari, recevant des mains d'un Ange des couronnes de fleurs (ces deux derniers tableaux sont exécutés en grisaille); dans le quatrième, l'artiste a peint S.te Cécile mourant de ses blessures ; le plafond offre son apothéose.

Il alla ensuite à la ville de Fano, où il peignit, dans la cathédrale, à la chapelle de la famille Nolfi, la vie de la Vierge, en quinze morceaux à fresque. Alors le désir de revoir ses parens le rappela à Bologne. Il y fit un tableau dans lequel il se représenta lui-même, occupé à peindre au milieu de sa famille. Les ouvrages les plus considérables qu'il entreprit dans cette ville, sont les deux grands tableaux connus sous le titre de la *Vierge du Rosaire*, et du *Martyre de S.ʳᵉ Agnès*. Le sujet du premier est assez compliqué et se comprend difficilement : l'artiste lui-même donnait une explication vague de cette allégorie mystique. Sous le rapport de l'exécution, cet ouvrage offre de grandes beautés : le Martyre de Sainte Agnès ne lui est pas inférieur; la tête de la Sainte, entre autres, est admirable et de l'expression la plus touchante *.

Le Dominiquin se maria dans sa patrie; il épousa une jeune femme aimable, et assez belle pour lui servir de modèle dans ses tableaux.

Grégoire XV, n'étant encore que cardinal, avait été parrain d'un de ses fils; parvenu au trône pontifical, il l'appela près de lui, et le nomma architecte du Palais Apostolique. La mort du pape priva bientôt le Dominiquin de cet emploi, et des occasions qu'il aurait eues de développer ses talens. Heureusement le cardinal Alexandre Montalte venait de faire bâtir l'église de Saint André *della Valle* : ce prélat ayant été satisfait de quelques tableaux que le Dominiquin avait faits pour lui, chercha à le retirer de l'abattement où il était tombé, et lui destina les peintures de la tribune et de la voûte de cette église.

Le Dominiquin peignit d'abord les quatre pendentifs aux angles de la coupole, et y représenta d'une manière large

* On s'abstient d'entrer dans de longs détails sur ces diverses compositions, l'inspection des planches remplit mieux cet objet que le discours le plus étendu.

et de proportion colossale, les quatre Évangélistes. Il entreprit ensuite, dans la tribune et dans les intervalles des fenêtres du chœur, l'histoire de S. André. Cet ouvrage touchait à sa fin; le Dominiquin avait terminé avec beaucoup de soin et de fatigue les dessins de la coupole, il en avait même dessiné trois compositions différentes, quand la mort du cardinal vint encore lui enlever un de ses protecteurs. Lanfranc toujours empressé à lui nuire, prétendit qu'il ne pourrait achever seul, pour l'époque de l'année sainte, comme il s'y était engagé, la totalité des travaux, et obtint pour lui-même l'exécution de la coupole.

Le Dominiquin fut très-sensible à cette nouvelle injustice, mais il eut du moins la consolation de la voir généralement blâmée.

Le cardinal *Ottavio Bandini*, pour le dédommager, lui donna à peindre dans l'église de Saint Sylvestre, à *Monte-Cavallo*, les quatre ovales qui sont dans la chapelle de ce prélat. Il y représenta des sujets pris de l'Ancien Testament : Esther devant Assuérus, Judith montrant aux Hébreux la tête d'Holopherne, David jouant de la harpe devant l'arche sainte, et Salomon sur son trône, avec sa mère Bethzabée, ou selon d'autres, avec la Reine de Saba.

Il peignit ensuite, à Sainte Marie de la Victoire, un tableau de la Vierge avec l'Enfant Jésus et S. François; sur les côtés de la même chapelle, il représenta dans deux tableaux, le même Saint recevant les stigmates, et ravi en extase au son d'une musique céleste.

L'église de Saint Charles *de' Catinari* fut alors entièrement terminée, et les peintures en furent destinées au Dominiquin. Il peignit d'abord, dans les pendentifs de la voûte, les quatre Vertus cardinales; mais le sort ennemi qui le poursuivait, et auquel il devait être en butte jusqu'aux derniers momens de sa vie, ne permit pas que ces beaux ouvrages fussent estimés à leur juste valeur. Le Dominiquin affligé et irrité de tant de persécutions, laissa imparfaite la figure de la Tempérance, et ne voulut pas entreprendre les peintures de la coupole. Il peignit ensuite, pour l'église de Saint Pierre, un grand tableau représentant le Martyre de S. Sébastien, et un autre aussi considérable pour le maître-autel de l'église de Saint Jean des Bolonnais. On voit dans ce dernier la Vierge avec l'Enfant Jésus, un concert d'Anges, S. Jean et S. Pétrone.

Tous ces tableaux, dont l'étendue et sur-tout le mérite auraient dû assurer au Dominiquin une fortune considérable, étaient payés si médiocrement, que son sort n'en était pas meilleur; c'est ce qui lui fit prendre la résolution de céder aux invitations qu'on lui faisait depuis quelque temps d'aller à Naples pour y peindre la chapelle du trésor. Cette entreprise importante avait déja été confiée au Guide et à Josépin qui, tous deux successivement, l'avaient abandonnée : ils avaient même été obligés de quitter la ville, dans la crainte du poison, et pour se soustraire à la vengeance des peintres napolitains, qui ne pouvaient souffrir qu'un artiste étranger vînt leur enlever ces travaux. L'un d'eux,

Grec de naissance, nommé *Corenzio*, qui après le départ du Guide, les avait obtenus en concurrence avec un autre peintre appelé *Caracciuolo*, était moins connu par son talent que par son caractère féroce et vindicatif. Le Dominiquin ne l'ignorait pas; mais l'ordre que le vice-roi fit donner à Corenzio d'abandonner cette entreprise, le désir qu'avait le Dominiquin de soutenir sa famille, la perte de sa place d'architecte du Palais Apostolique; enfin les offres avantageuses qu'on lui fit * l'emportèrent sur ses craintes. Sans avoir égard aux conseils de ses amis ni aux prières de sa femme, il traita avec les envoyés de Naples en 1629, et se transporta dans cette ville avec toute sa famille. On l'y reçut avec distinction. Après avoir fait l'examen de l'édifice qu'il devait orner, il s'occupa sans délai de la composition de ses tableaux. Il en avait pris les sujets dans la vie de S. Janvier, patron des Napolitains, et retraçait diverses circonstances où la protection de ce Saint leur avait été favorable.

Quand les dessins furent terminés, il fut obligé, pour se livrer à l'exécution, de faire abattre les travaux de Corenzio et de Caracciuolo. Leur fureur fut à son comble; mais le Dominiquin se tenait sur ses gardes, et le vice-roi s'était trop fortement prononcé en sa faveur pour qu'ils osassent attenter à sa vie. Ne pouvant attaquer sa personne, ils s'attachèrent à dénigrer ses talens : à les entendre, la nature lui avait refusé le génie, et il ne produisait, à force de peines

* On lui donnait 100 écus romains (500 fr.), pour chaque figure entière, 50 écus pour les demi-figures, et 25 écus pour chaque tête : on lui promettait de plus, à la fin de l'ouvrage, une récompense proportionnée au mérite de son travail.

et de fatigue, que des ouvrages méprisables. Des libelles furent attachés à la porte du lieu même où il travaillait. Il recevait des lettres anonymes où l'on se déchaînait contre lui, et qui le mettaient au désespoir. On assure que sans les soins de l'ecclésiastique à qui il avait donné sa confiance, sans le zèle attentif que celui-ci apportait à le distraire par la musique et la conversation, il serait tombé dans un état de stupidité et de délire.

A la cabale des peintres napolitains se joignit celle de l'Espagnolet et de Lanfranc : tous deux voyaient d'un œil d'envie que le Dominiquin eût été chargé d'une si vaste entreprise, et ils eurent la bassesse de dire que les prix convenus avec lui étaient exhorbitans. Cependant on ne traitait alors avec le Dominiquin que comme on l'avait fait avec le Caravage, le Guerchin recevait les mêmes indemnités, et l'on accordait le double au Guide : on alla jusqu'à dire qu'il ne plaçait un grand nombre de figures dans ses tableaux que pour en augmenter le prix. Le Dominiquin, outré de cette inculpation ridicule, eut un jour la faiblesse de chercher à la repousser, en déployant dans une de ses compositions, un voile qui remplissait un très-grand espace. Mais il confondit plus surement ses ennemis par les soins qu'il apporta dans toutes les parties de son travail; il y employait un temps si considérable, qu'il détruisait, en quelque façon, tout ce que la convention faite avec les trésoriers de la chapelle eût pu avoir d'avantageux pour lui.

Cependant on l'attaquait de toutes parts : on disait que

Lanfranc, dont la facilité était connue, aurait terminé en beaucoup moins de temps cette chapelle. Ce dernier affirmait que la vie entière du Dominiquin ne suffirait pas pour l'achever, et que lui-même serait obligé d'y mettre la dernière main. Bientôt on verra que Lanfranc, immédiatement après la mort de celui dont il osait se croire le rival, parvint au but auquel tendaient tous ses vœux.

On eut recours aux plus perfides moyens pour perdre le Dominiquin; on gagna le maçon qui préparait les enduits sur lesquels il devait peindre, et l'on fit mêler des cendres avec la chaux qu'il employait, de manière que lorsque le Dominiquin venait à retoucher ses figures, l'enduit du mur se gerçait de tous côtés, et ne lui permettait pas de continuer son travail. Cependant la constance qui l'avait soutenu jusque-là ne l'abandonnait point : il résistait aux dégoûts dont il était sans cesse abreuvé, dans l'espoir que, son ouvrage une fois terminé, on lui rendrait enfin justice.

Il fut obligé de suspendre pendant quelque temps les peintures de la chapelle du trésor, pour s'occuper de plusieurs tableaux que le vice-roi de Naples voulait envoyer en Espagne.

Ses ennemis ne cessaient d'intriguer : l'Espagnolet, s'était mis à leur tête. Il fit croire au vice-roi que les ouvrages du Dominiquin faits au premier coup étaient toujours bons, mais qu'il les gâtait à force de les tourmenter et de s'y appesantir. Alors on l'obligea de peindre devant le vice-roi, et il eut de plus l'humiliation de voir l'Espagnolet lui indiquer les parties de ses tableaux qu'il trouvait défectueuses, afin qu'il les retouchât à l'instant.

Sa patience avait été mise à de cruelles épreuves; elle ne put tenir à ce dernier trait. Au lieu de se rendre au palais, comme de coutume, il sortit un jour de la ville, accompagné d'un de ses élèves, et retourna à Rome. Aussitôt que le vice-roi fut instruit de sa fuite, il fit arrêter sa femme et sa fille, et mettre ses effets en séquestre.

Le Dominiquin sollicita inutilement la liberté de sa famille. Enfin, voyant qu'il ne pouvait rien obtenir de ceux qui détenaient injustement ce qu'il avait de plus cher, il se décida, après un an d'absence, à retourner à Naples, et s'y rendit pour reprendre ses travaux.

Cette démarche lui fit obtenir la liberté de sa femme et de sa fille, et la permission de les faire partir pour Rome lorsqu'elles le désireraient; mais sa résignation ne put toucher les rivaux implacables que sa supériorité lui avait attirés. On renouvela contre lui les complots odieux qui l'avaient déjà obligé de quitter Naples, ou plutôt on y mit plus d'acharnement que jamais : on corrompit son neveu, homme livré à toutes sortes de vices, qui l'effrayant par ses emportemens et ses menaces, lui faisait redouter une mort funeste. Enfin après avoir employé trois ans aux peintures de la coupole, et lorsqu'une année de travail eût suffi pour terminer ce grand ouvrage, ses chagrins lui ôtèrent toutes les forces de son esprit. Il n'osait plus se fier à personne, pas même à sa femme; et dans la crainte du poison, il apprêtait lui-même chaque jour sa nourriture. Malgré ses précautions, le 15 avril 1641, dans la soixantième année de son âge, après avoir éprouvé pendant deux jours des douleurs cruelles, il succomba sous le poids dont on l'avait accablé.

Sa mort fut-elle un effet naturel de ses longs chagrins, ou un attentat de ses ennemis? Les historiens contemporains sont partagés à ce sujet. Sa femme assura, dit-on, qu'on avait empoisonné l'eau dont il faisait usage le matin; d'autres autorités, également respectables, attestent que le chagrin seul abrégea ses jours. Dans le doute, il semble naturel d'adopter cette dernière tradition. La timidité, la modestie, l'extrême sensibilité qui caractérisent le Dominiquin, les indignes traitemens qu'il essuya dans les principales circonstances de sa vie, suffisaient bien pour le plonger dans une mélancolie mortelle.

Quoi qu'il en soit, par une suite de cette fatalité inexplicable qui le poursuivit sans cesse, sa mort même ne put assouvir la haine de ses persécuteurs. Lanfranc outragea la mémoire de celui dont il avait si cruellement tourmenté l'existence.

A peine le Dominiquin fut-il mort, qu'on abattit les ouvrages qu'il avait commencés, et Lanfranc eut enfin la satisfaction d'y substituer les productions de son pinceau; on n'épargna que les angles et les tableaux placés au-dessous.

Pour mettre le comble à tant d'odieux procédés, on força la veuve et la fille de ce grand peintre à rendre la plus grande partie des sommes avancées pour une entreprise qui lui avait été si funeste.

Son corps fut enterré sans aucun appareil, dans la cathédrale de Naples; et peu de temps après, l'Académie de Saint Luc à Rome lui fit faire un service funèbre digne de lui : son éloge fut prononcé par J.B. Passerini, membre de cette académie; et ce corps respectable n'oublia rien pour honorer la mémoire de l'un des hommes qui ont le plus illustré la peinture.

Le Dominiquin laissa à sa fille un grand nombre de dessins, d'études, de tableaux ébauchés, et environ vingt mille écus romains. Sa jeunesse, sa beauté, des talens agréables, et l'honneur de devoir le jour à un artiste aussi célèbre, la firent rechercher en mariage par plusieurs personnes d'un rang distingué. Elle épousa un gentilhomme originaire de Pesaro.

Le Dominiquin était d'une taille moyenne et épaisse. Il avait le teint blanc, les joues colorées, les yeux bleus, la bouche gracieuse : dans les dernières années de sa vie, ses cheveux blancs, sa manière de se vêtir, où il savait unir le goût à la simplicité, lui donnaient cet extérieur qui commande le respect. Son accueil était affable, sa conversation toujours sérieuse et instructive; mais il se livrait peu, et préférait la solitude à la société. Dans ses heures de loisir, il lisait l'Ecriture-Sainte, l'Histoire, la Mythologie, et s'occupait à modeler de petites figures.

Il consulta souvent M^r. Agucchi sur la composition de ses tableaux; et l'Albane assurait que les idées trop recherchées que l'on a pu blâmer dans ceux de S. André *della Valle* et de S. Charles *de' Catinari,* appartenaient à ce prélat, qui affectait d'y mettre de la profondeur.

Ses études étaient prodigieuses; on conserve quelques-uns de ses dessins, où les têtes et les mains, effacées et tracées de nouveau, sont variées jusqu'à sept ou huit fois dans le mouvement et dans l'attitude; et souvent il lui est arrivé de faire vingt esquisses de la même figure. Cette difficulté qu'il éprouvait à inventer, ou plutôt à se rendre compte de ses idées d'une manière dont il fût satisfait lui-même, a dû appesantir sa touche : elle est peinée et indécise, au lieu d'offrir, comme dans les dessins des autres grands maîtres, cette franchise et cette liberté qui les rendent précieux aux amateurs, et font quelquefois le principal mérite de ces productions improvisées. Aussi, lorsque ses amis voulaient lui persuader de finir moins ses ouvrages, et de suivre en cela l'exemple de ses contemporains, il répondait, « C'est pour moi seul que je travaille, et pour la perfection de l'art. »

Il était convaincu qu'un tableau doit être achevé avec le même soin dans toutes ses parties; qu'il ne doit sortir de la main d'un peintre aucun trait qui n'ait été auparavant formé dans son esprit; et lorsqu'après avoir médité long-temps sur un sujet il en avait arrêté l'invention et la disposition, il s'en félicitait, comme ayant exécuté déjà la plus importante partie de son travail.

Quand on lui faisait connaître les critiques amères de ses ennemis, il en concluait que probablement il avait réussi à produire un bon ouvrage; et par la même raison, lorsqu'on lui racontait que les mêmes personnes avaient loué quelques parties de ses tableaux : « J'ai bien peur, disait-il, qu'il ne me soit échappé quelque faute considérable. »

La haine était loin de son cœur : malgré le chagrin qu'il eut de voir le Guide obtenir sur lui la préférence en plusieurs occasions, il était le premier à lui rendre justice, et à l'aborder amicalement lorsqu'il le rencontrait ; dans la suite, ces deux hommes dignes de s'estimer, se rendirent mutuellement service.

Il jugeait avec une égale impartialité les maîtres anciens et les modernes ; il examinait même avec soin leurs plus médiocres productions, et disait que comme il n'y a point de livre si mal fait dont on ne puisse extraire quelque chose de bon, il n'y a point de tableau, quelque mauvais qu'il soit, dont un habile peintre ne puisse tirer quelque utile leçon.

Ce n'est pas à la faveur seule que le Dominiquin dut l'emploi d'architecte du Palais Apostolique. Ses connaissances en architecture étaient généralement estimées. Il étudia cet art avec un soin particulier, et cependant il n'eut jamais la satisfaction de faire exécuter aucun monument considérable. Il apprit du père *Matheo Zoccolino*, théatin, les règles de l'optique et de la perspective, et s'appliqua aux mathématiques. Il n'a point exécuté lui-même de statues, mais on en voit plusieurs à Rome dont il a donné les dessins ou les modèles.

Dès sa plus tendre jeunesse, il eut un goût décidé pour la musique : il en avait acquis la théorie, et d'habiles compositeurs aimaient à l'entendre discourir sur cet art, et à le consulter. Jean Doni, dans son Traité de la Musique théâtrale, cite avec éloge le nom du Dominiquin parmi ceux des amateurs éclairés.

Son pinceau fut toujours chaste; la pureté de ses mœurs ajouta encore un nouvel éclat à ses rares talens, et cet homme célèbre, dont la Peinture s'honore, fut également recommandable par la simplicité de son ame, la bonté de son cœur, et par toutes les vertus qui inspirent la vénération.

Mais par quelle fatalité le Dominiquin, uniquement occupé de ses travaux, vivant dans la retraite, et ne blâmant jamais les ouvrages des autres peintres, s'attira-t-il par son seul mérite un aussi grand nombre d'ennemis? On peut croire que non-seulement il dut être en butte aux persécutions de ses rivaux, mais encore qu'il eut à combattre l'ignorance et la prévention d'une certaine classe de connaisseurs; car les beautés qui caractérisent les productions de ce grand maître ne sont pas de nature à être senties par les personnes qui ont de fausses notions sur la peinture, ni par les artistes qui réduisent l'art en système. En effet, ceux qui ne cherchent dans les tableaux que le fracas de la composition, les effets factices, et ces expressions outrées qui étonnent au premier aspect, ne les trouveront pas dans les ouvrages du Dominiquin, dont les pensées sont judicieuses, le dessin correct, le coloris simple, les attitudes motivées, et les expressions si naturelles, qu'il n'est pas, sous ce rapport, inférieur à Raphaël même. S'il offre quelquefois un peu de sécheresse et de pesanteur dans sa touche, des lumières éparses, des draperies négligées, ce n'est que dans quelques-uns de ses tableaux à l'huile : ses fresques, dont le nombre est considérable, sont pour la plupart exemptes de ces défauts, la touche en est franche et légère, et les carnations, par leur fraîcheur et leur vérité, sont dignes des plus grands coloristes.

Les auteurs contemporains de ce peintre célèbre lui ont généralement rendu justice. Quelques-uns plus modernes, entre autres de Piles et Raphaël Mengs, qui d'ailleurs ont fait preuve de lumières et de talent, semblent l'avoir jugé avec trop de sévérité. Il n'est pas inutile de rapporter ici leur opinion.

De Piles s'exprime ainsi, dans ses *Réflexions sur les Ouvrages des principaux Peintres :*

« Je ne sais que dire du génie du Dominiquin; je ne sais
» même s'il y avait quelque chose dans l'ame de ce peintre qui
» méritât ce nom; ou si la bonté de son esprit et la solidité
» de ses réflexions lui ont tenu lieu de génie, et lui ont fait
» produire des ouvrages dignes de la postérité. »

Avant de prononcer sur ce point, de Piles n'aurait-il pas dû expliquer ce qu'il entend par génie? Ne semble-t-il pas, selon lui, que le génie consiste plutôt à montrer une imagination vive et une prompte exécution, qu'à méditer de sages conceptions, et à développer dans le cours d'un travail constant tous les fruits d'une étude profonde?

« Il a eu un assez bon choix d'attitudes, mais il a très-mal
» entendu la collocation des figures et la disposition du tout

» ensemble..... Ses draperies sont très-mauvaises, très-mal
» jetées et d'une dureté extrême..... Ses carnations donnent
» dans le gris, et tiennent peu du caractère de la vérité; mais
» son clair-obscur est encore plus mauvais. Son pinceau est
» pesant, et son ouvrage fort sec...... Ainsi il est vraisem-
» blable de dire que les parties de la peinture que le Domi-
» niquin possédait étaient une récompense de ses fatigues
» plutôt qu'un effet de son génie. Mais fatigues ou génie (et
voilà ce que de Piles a dit de plus exact sur le Dominiquin),
» ce qu'il a produit de bon est de nature à servir de modèle
» à tous les peintres qui le suivront. »

Soit prévention, soit aigreur, l'opinion de Mengs sur le Dominiquin est encore plus durement exprimée. « Le Domi-
» niquin, dit-il, dans ses *Réflexions sur les Ouvrages des Anciens*,
» paraît avoir eu beaucoup d'expression et un bon dessin,
» parce qu'il ne possédait pas d'autres parties. Toutes ses
» têtes ont de l'expression; mais on ne sait trop ce que cette
» expression doit signifier, si ce n'est un certain air timide
» qu'il leur a donné bien ou mal à propos, et qui ressemble
» plutôt à une grimace qu'à l'effet d'une passion. Cet air,
» d'ailleurs, paraît plus propre aux enfans qu'aux personnes
» d'un âge formé; car il n'est pas nécessaire qu'ils aient une
» physionomie spirituelle : il a donc bien réussi dans les
» enfans; mais au reste il est trop froid, trop décousu et
» d'un caractère trop égal. Sa nature est souvent commune;
» et trop charmé d'une idée qu'il avait bien rendue, il l'a
» trop multipliée. Enfin on peut dire, pour la composition

» en général, qu'il faudrait que Raphaël eût dessiné les
» figures, disposé les groupes; que le Poussin eût fait les
» fonds et les accessoires, et que le Dominiquin se fût
» chargé seulement des enfans....... Si les Caraches et le
» Dominiquin avaient suivi la route que j'indique, on ne
» verrait point dans leurs ouvrages tant de lignes fausse-
» ment correctes, et ceux de ce dernier sur-tout seraient
» d'un style moins timide et moins froid. »

Il est d'autant plus étonnant que Mengs se soit exprimé en de pareils termes, que de tous les peintres qui ont obtenu de la réputation, il n'en est pas qui soient moins fondés que lui à reprocher aux Caraches et au Dominiquin un style froid et timide.

Le Carache, dont l'opinion est d'un plus grand poids, savait mieux apprécier celui de ses élèves qui a le plus illustré son école. On trouve dans une lettre qu'il écrivait à Louis, son cousin, le passage suivant : « Je ne nie pas que le Guide ne
» soit recommandable par une certaine douceur, une cer-
» taine majesté qui le caractérisent, et dans lesquelles il est
» inimitable, mais enfin l'Albane et le Dominiquin ne sont
» pas moins dignes d'éloges. S'ils ne travaillent pas avec au-
» tant d'élégance et de noblesse, ils montrent une toute autre
» intelligence. »

Cet extrait avait été communiqué par Mr Zannotti, peintre et secrétaire de l'Académie Clémentine, à Mr Bottari, qui lui fit la réponse suivante : « Mon sentiment est conforme au
» passage de votre lettre dans lequel vous rapportez le juge-

» ment d'Annibal Carache, concernant le caractère distinc-
» tif du Guide et celui du Dominiquin. L'élégance, la beauté,
» en un mot tout ce qui peut rendre une production noble
» et séduisante, se trouve dans les ouvrages du Guide : le
» Dominiquin possède toute l'intelligence et la profondeur
» du savoir. »

Paolo Falconieri, dans une de ses lettres au comte Laurent Magalotti dit, en parlant de la Communion de S. Jérôme par le Dominiquin : « Ce tableau passe pour un des plus précieux
» de Rome; et Piétre de Cortone m'a rapporté que lorsque
» ce tableau fut exposé, tous les peintres en dirent tant de
» mal qu'il se joignit à eux, pour ne passe discréditer à Rome
» où il n'était que depuis peu de temps. »

« La tribune de Saint André *della Valle* est une des plus
» belles productions à fresque qui existent, et cependant,
» quand on la découvrit, on parla d'y mettre les ouvriers
» pour l'abattre. Lorsque le Dominiquin entrait dans cette
» église, il s'arrêtait souvent devant ces peintures avec quel-
» ques-uns de ses élèves, et leur disait : Il me semble pourtant
» que je n'ai pas fait quelque chose de si mauvais. »

Ces différens passages sont extraits d'un *Recueil de Lettres des plus célèbres Peintres, Sculpteurs et Architectes,* publié à Rome en 1757. Dans celle que le Dominiquin écrivait de Naples, le 23 février 1632, au cavalier del Pozzo qui lui demandait quelques tableaux de sa main, ce grand peintre motive ainsi l'impossibilité où il est de travailler pour lui : « D'un côté, je sens
» que je dois répondre à vos désirs ; de l'autre j'ai les mains

» liées avec des chaines de fer : je ne sais quel parti prendre.
» Ces messieurs ont voulu que je m'obligeasse à ne donner
» aucun coup de pinceau pendant l'ouvrage (les peintures de
la chapelle Saint Janvier, dite la *chapelle du Trésor.*) » Ils m'ont
» forcé à leur faire cette promesse sous caution; ils m'ont
» obligé de me soumettre à de graves peines en cas de défec-
» tion. Mes rivaux sont déja tous prêts à me nuire; quand
» même ils s'endormiraient, le temps est si court, que je suis
» dans de grandes angoisses. Dans cette anxiété, je ne vois
» pas le moyen de terminer une si forte besogne,.....»

Lanfranc eut trop de part aux chagrins qui troublèrent la vie du Dominiquin, pour que l'on puisse se dispenser de rapporter quelques passages d'une de ses lettres, qui peignent bien la duplicité de son caractère. Elle est écrite de Naples, le 19 avril 1641, au signor Ferrante Carlo : « Vous aurez, dit-il,
» appris la nouvelle de la mort du Dominiquin; il a laissé
» son ouvrage imparfait, et bien du travail à son successeur.
» Messieurs les députés en ont, dès les commencemens, été
» mécontens *. Ils vont examiner le tout avec une exacti-
» tude scrupuleuse. Pour moi, quand je reverrai cet ouvrage,
» et que j'en ferai l'estimation, je nuirai le moins qu'il me
» sera possible à son auteur. Je le traiterai même avec toute
» la bienveillance que j'aurais voulu qu'il eût employée à
» mon égard, bien que pendant sa vie il n'ait mérité que
» d'être laissé pour ce qu'il était. Vous savez une partie de

* Bellori, dans la Vie du Dominiquin, assure le contraire, et prononce contre Lanfranc.

» ce qu'il m'a fait. Je ne l'ai point haï tant qu'il a vécu; je le
» hais encore moins à présent qu'il est mort. J'ai désiré son
» amitié, et je ne lui ai jamais manqué. Maintenant je suis
» chargé de finir son ouvrage...... »

Parmi les dessins que l'on conserve au Musée central de France, il y en a un d'autant plus important, qu'il offre l'esquisse d'un des tableaux que le Dominiquin devait exécuter dans la chapelle que l'on vient de citer, et auquel Lanfranc, après la mort de ce grand peintre, substitua une de ses compositions. Celle du Dominiquin représente l'apparition de S. Janvier arrêtant l'éruption du Vésuve. On assure que le Dominiquin, toujours fidèle observateur de la nature, étudia avec attention l'éruption de 1631, dont il fut témoin, et se pénétra de ce phénomène de manière à le rendre sur la toile avec toutes ses horreurs.

Le Musée de France ne possède que quelques-uns des dessins de ce maître, quoiqu'il en ait fait un grand nombre; les autres sont répandus dans diverses collections particulières où ils tiennent un rang distingué. Ils sont ordinairement exécutés sur papier bleu, à la pierre noire, rehaussés de blanc : quelques-uns sont tracés à la plume et lavés au bistre.

Il peignit fort bien le paysage; son style dans ce genre s'était formé sur celui des Caraches.

Le Dominiquin ayant excellé sur-tout dans la peinture à fresque, et y ayant été plus particulièrement employé, ses plus beaux ouvrages ornent l'intérieur de différens édifices, et se voient à Rome, aux environs de cette ville, et à Naples. Ses meilleurs tableaux à l'huile sont maintenant en France. On en conserve encore de très-importans dans les principaux cabinets de l'Europe. M. Lucien Bonaparte, frère du premier Consul, et possesseur d'une riche collection vient d'acquérir deux ouvrages capitaux du Dominiquin : l'étude, peinte à l'huile, de la tête de S. Jérôme, pour son célèbre tableau de la *Communion*; et celle de la tête de Sainte Agnès, pour le tableau du *Martyre* de cette Sainte, qu'il peignit à Bologne.

On ne cite que quatre disciples de ce grand maître : *Antonio Barba Longa*, de Messine, qui peignit à Rome, dans l'église des Théatins, et à Saint André *della Valle* ; *Andrea Camassei*, qui orna de peintures le Palais de Palestrine ; *Francesco Cozza*, sicilien; et *Gio Agnolo Canini :* ces deux derniers ont fait plusieurs ouvrages estimés.

F I N.

OEUVRE
DU DOMINIQUIN.

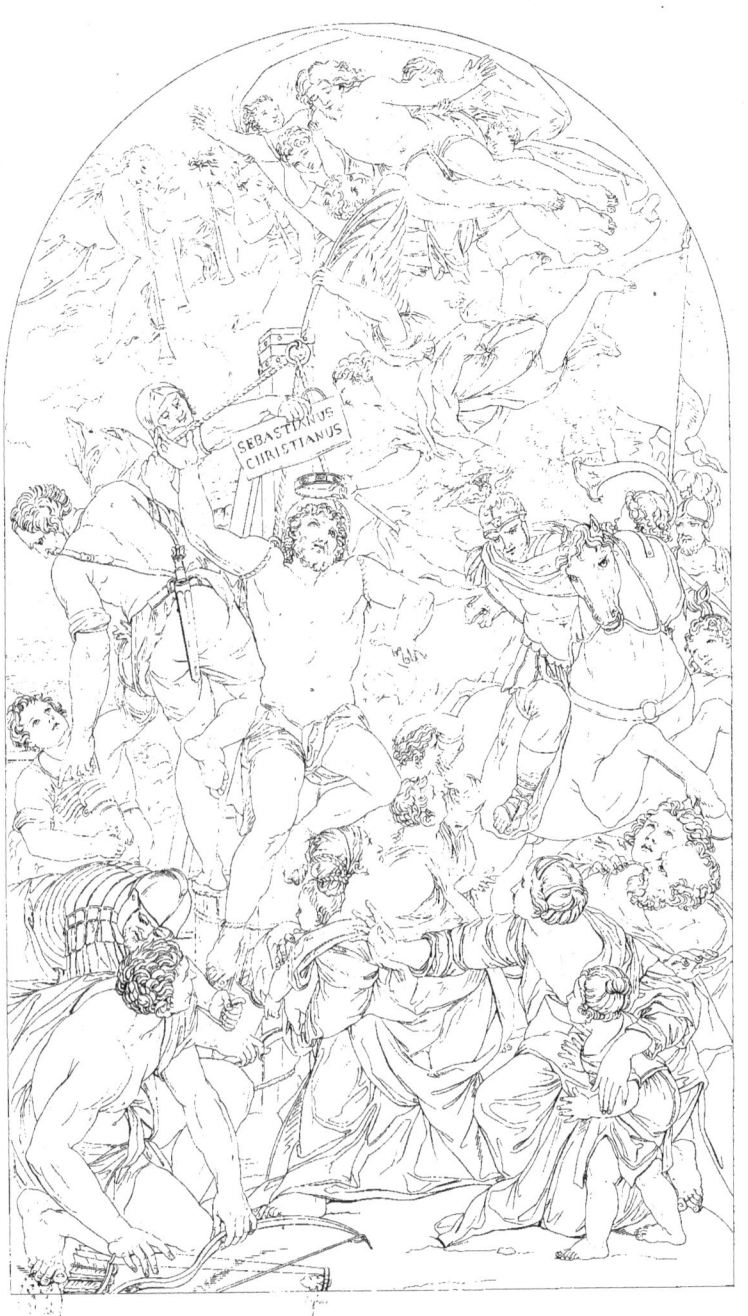

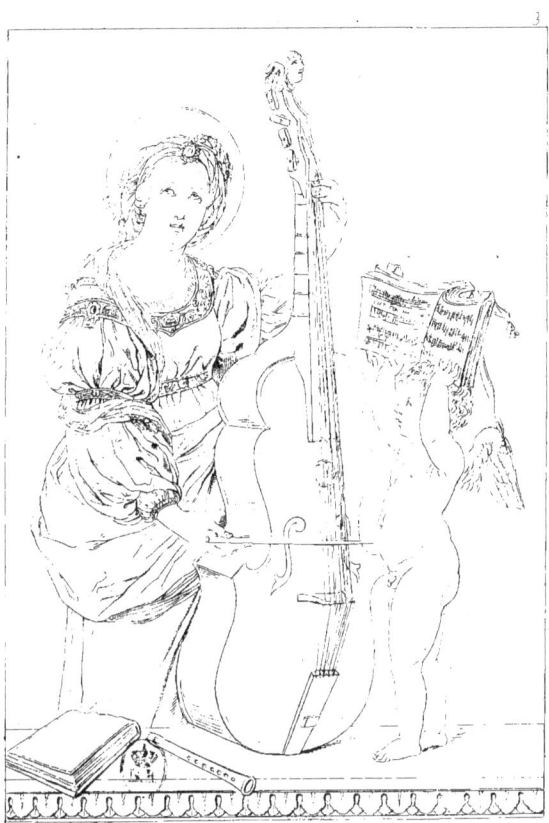

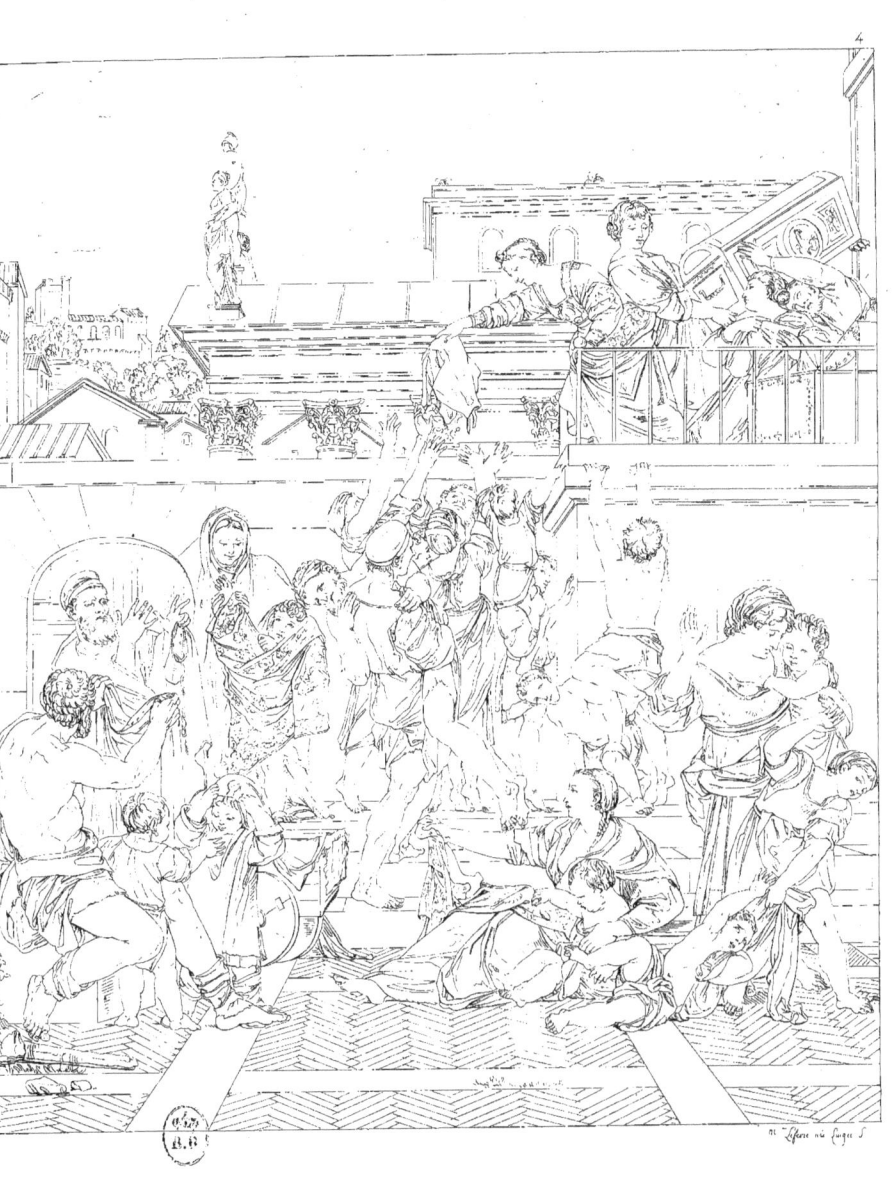

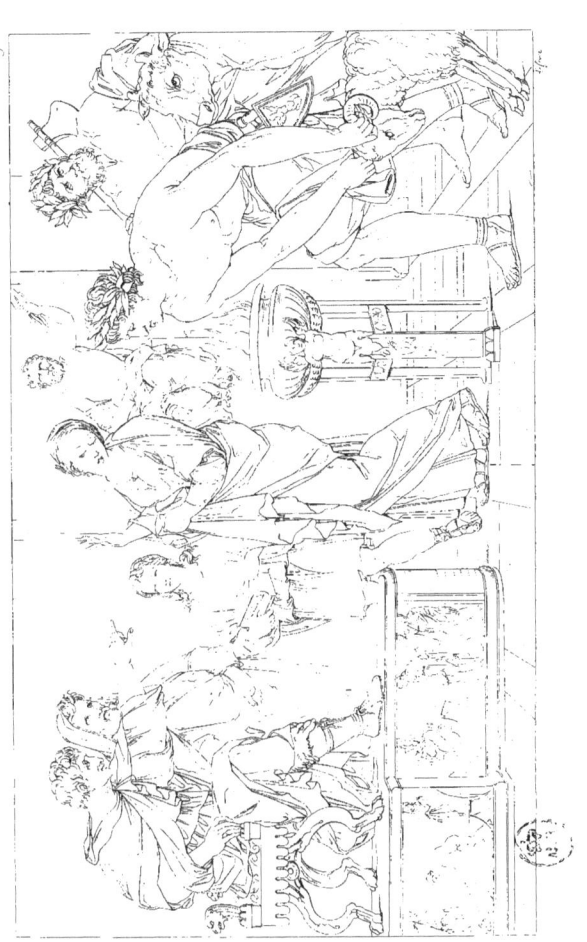

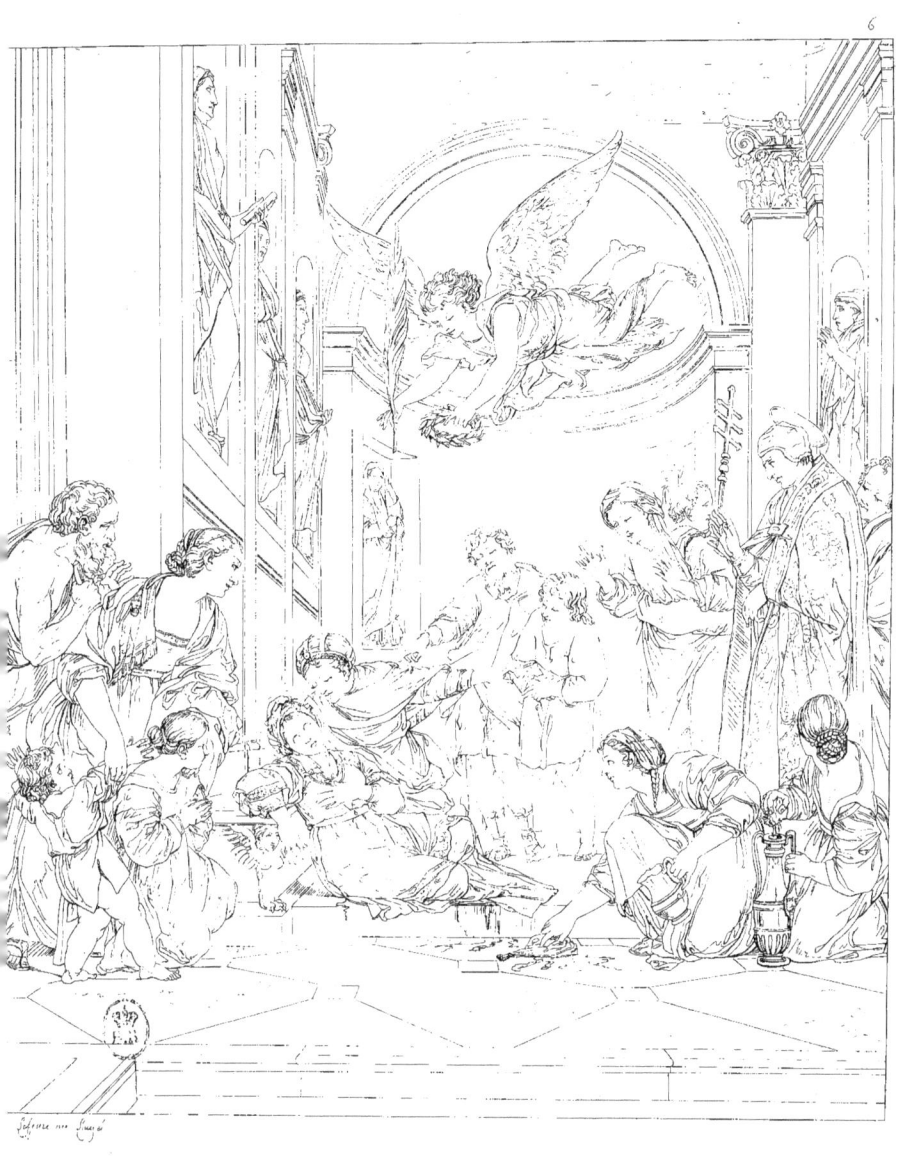

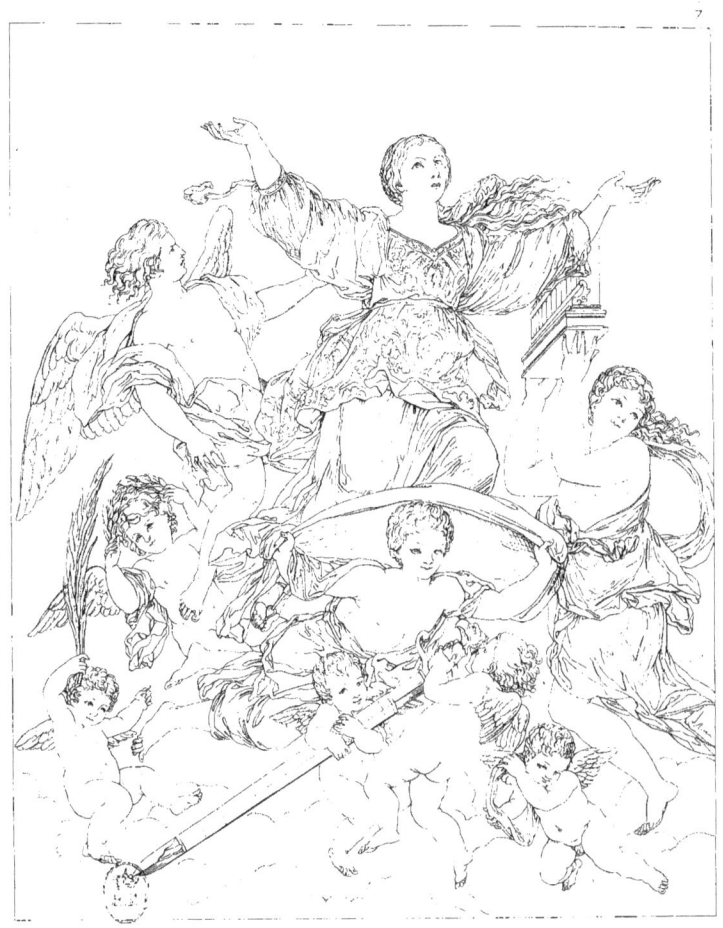

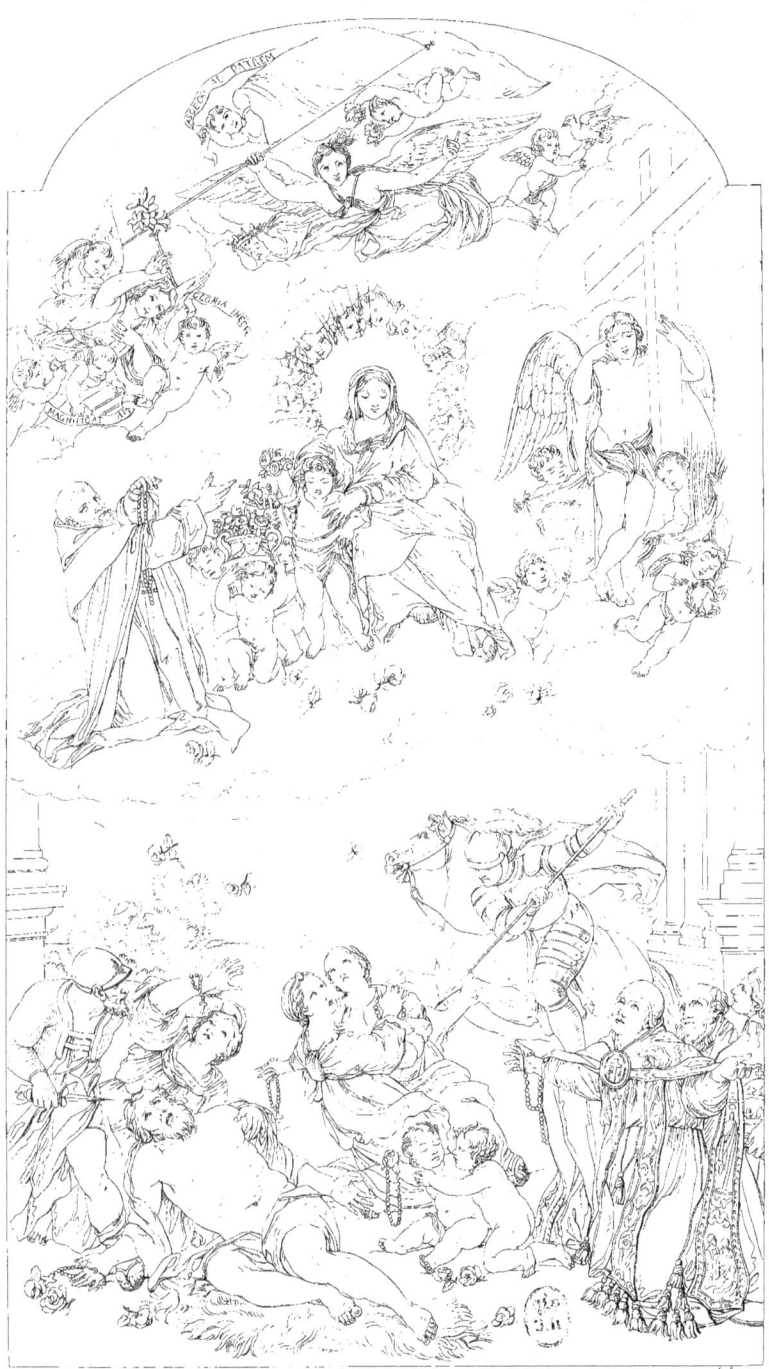

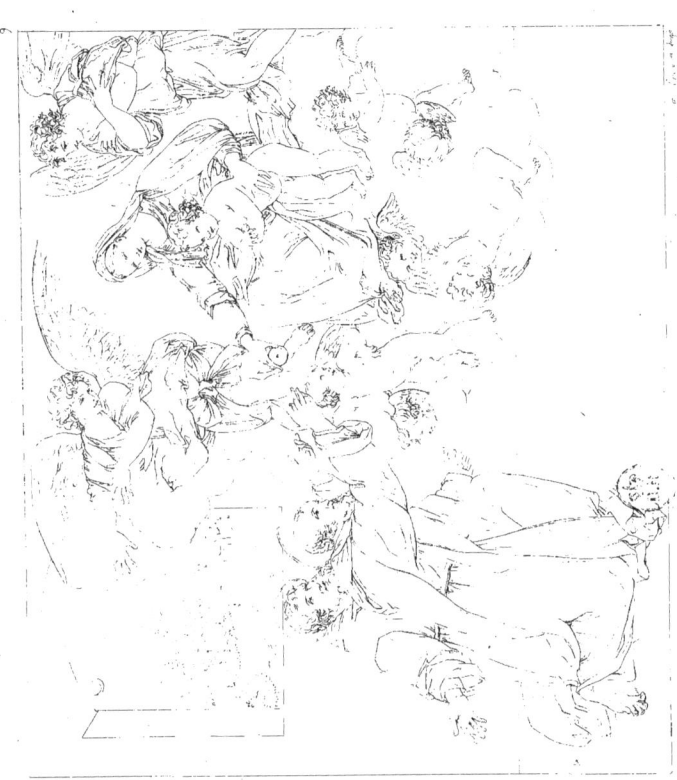

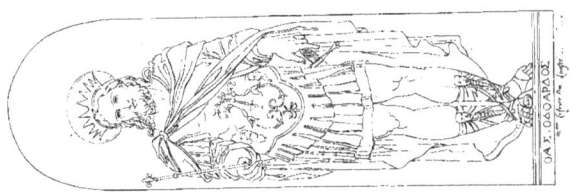

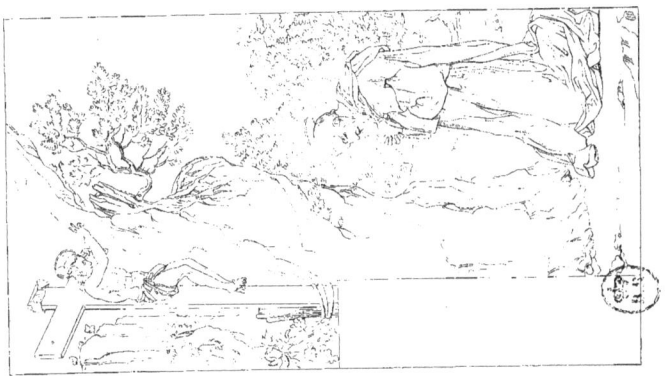

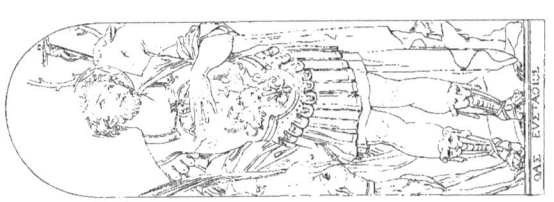

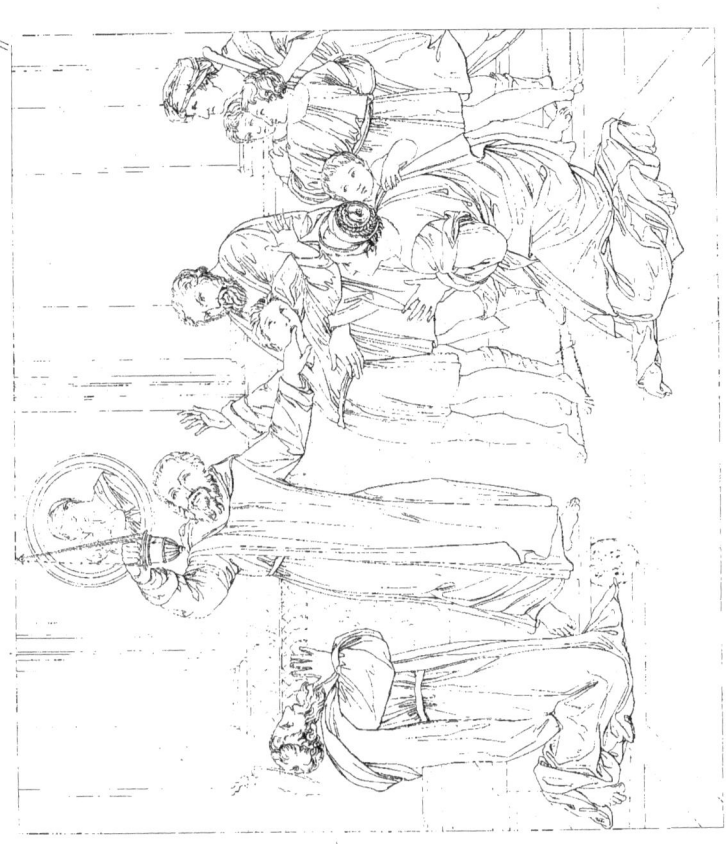

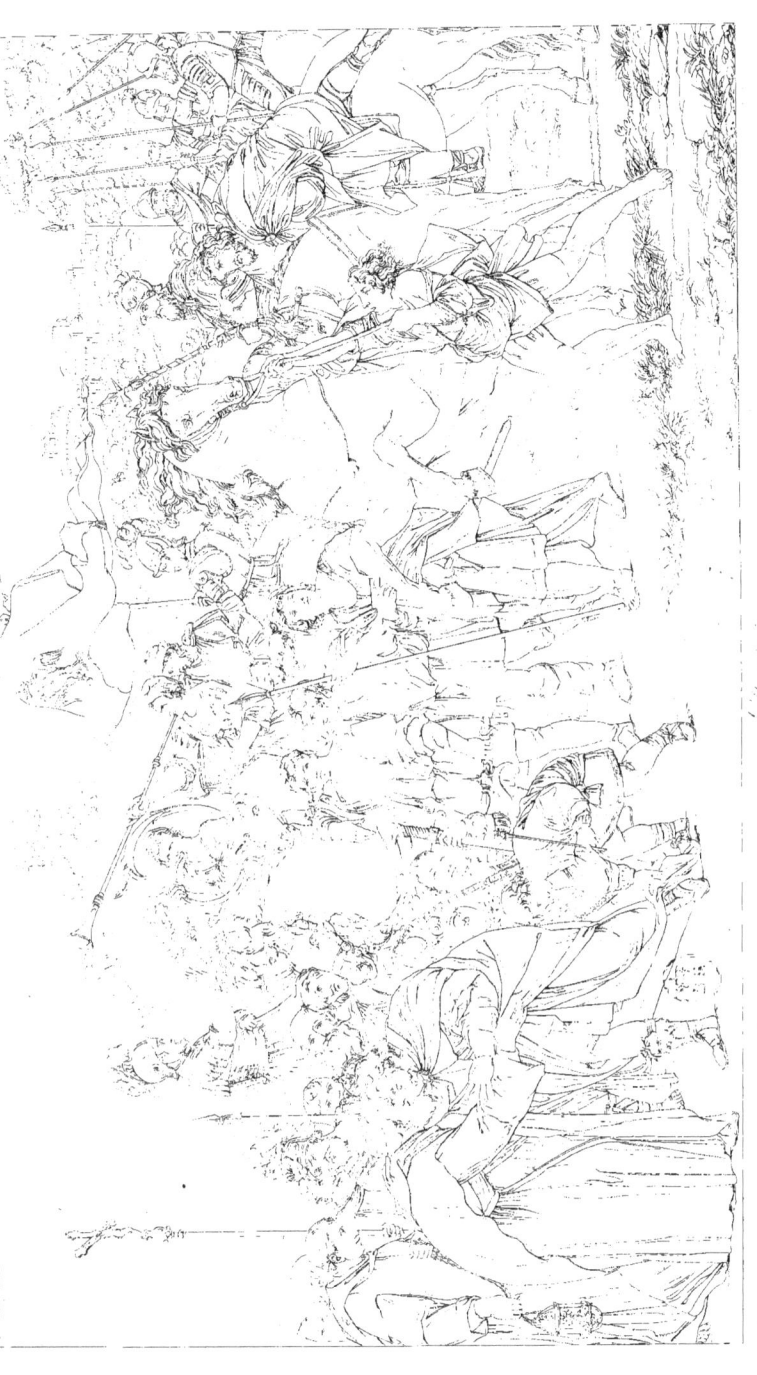

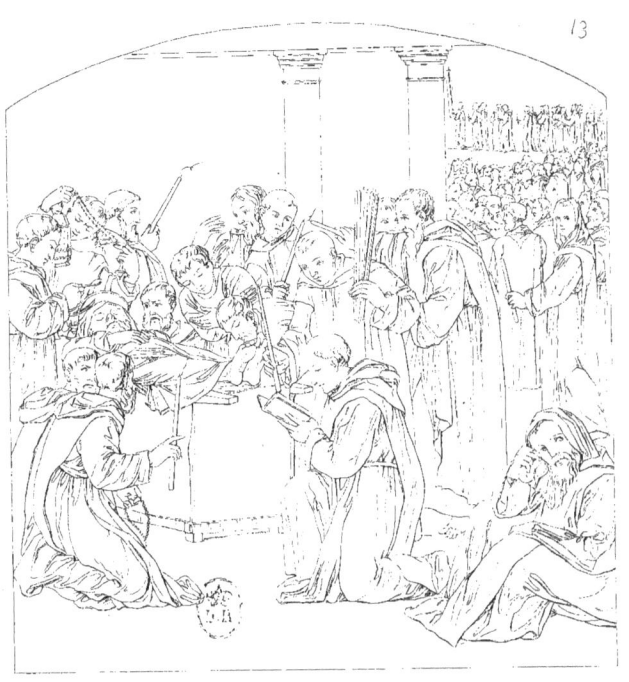

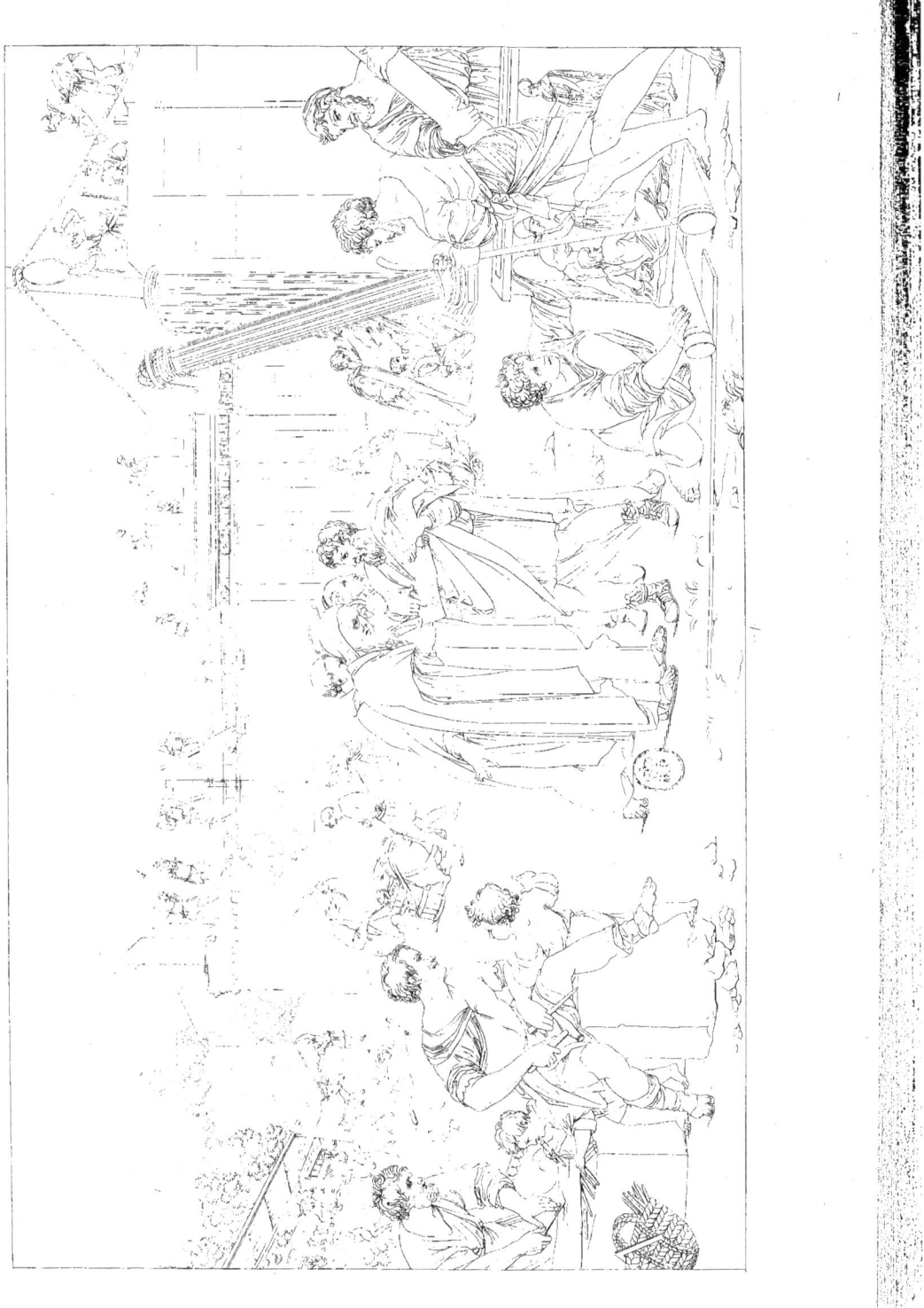

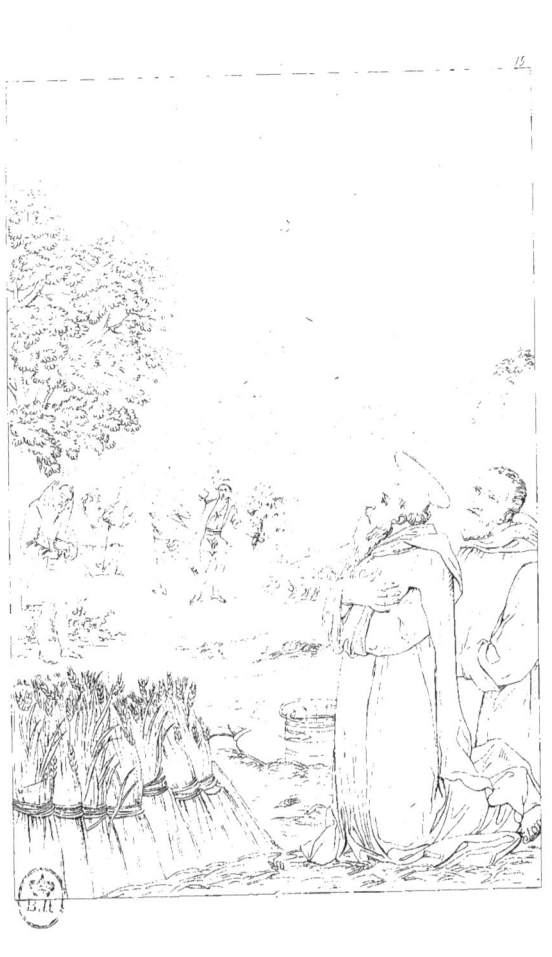

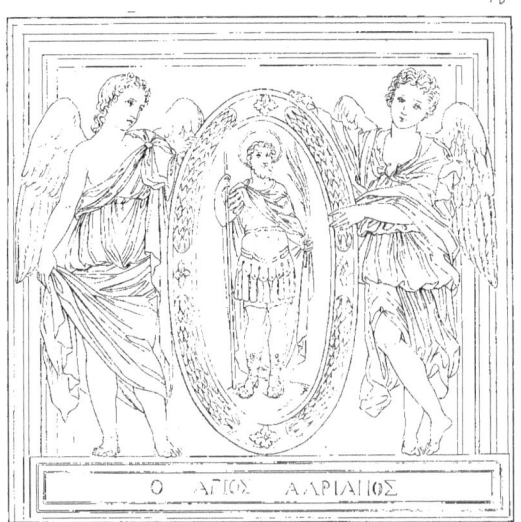

Ο ΑΓΙΟΣ ΑΔΡΙΑΝΟΣ

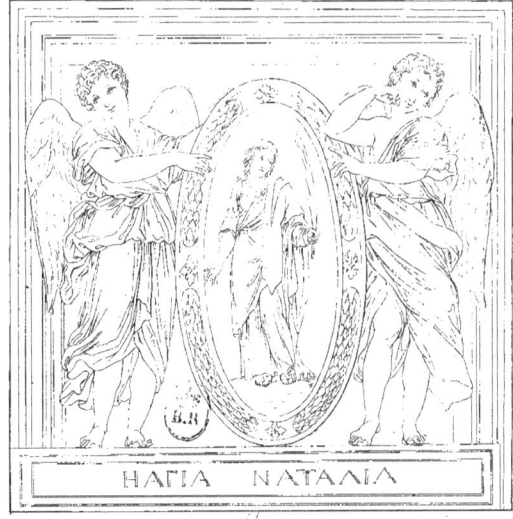

ΗΑΓΙΑ ΝΑΤΑΛΙΑ

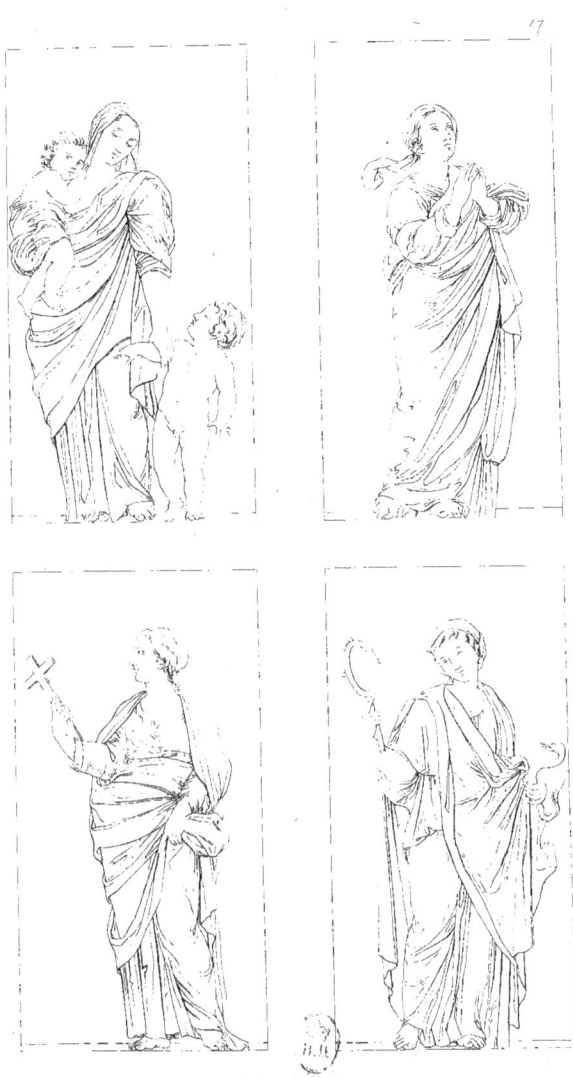

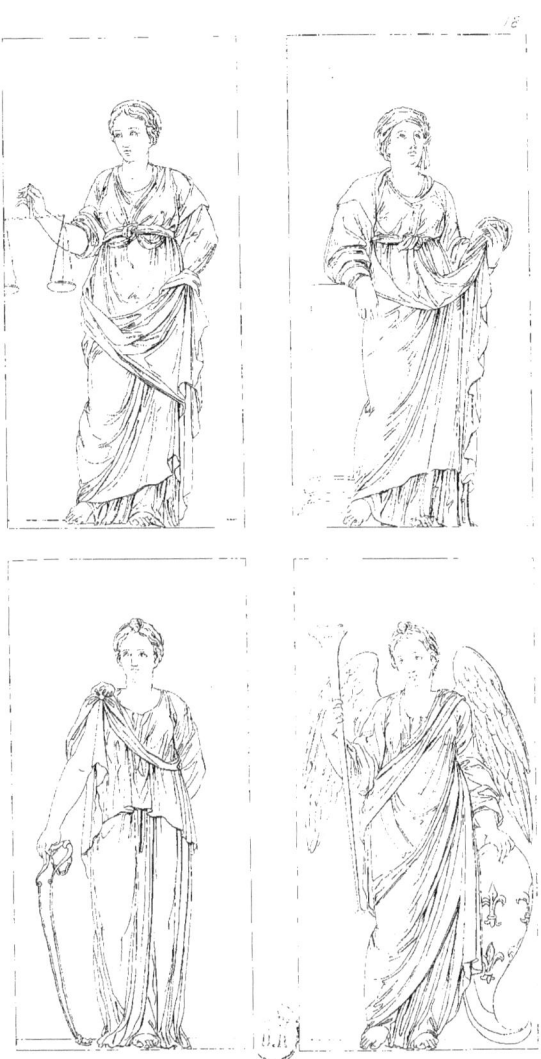

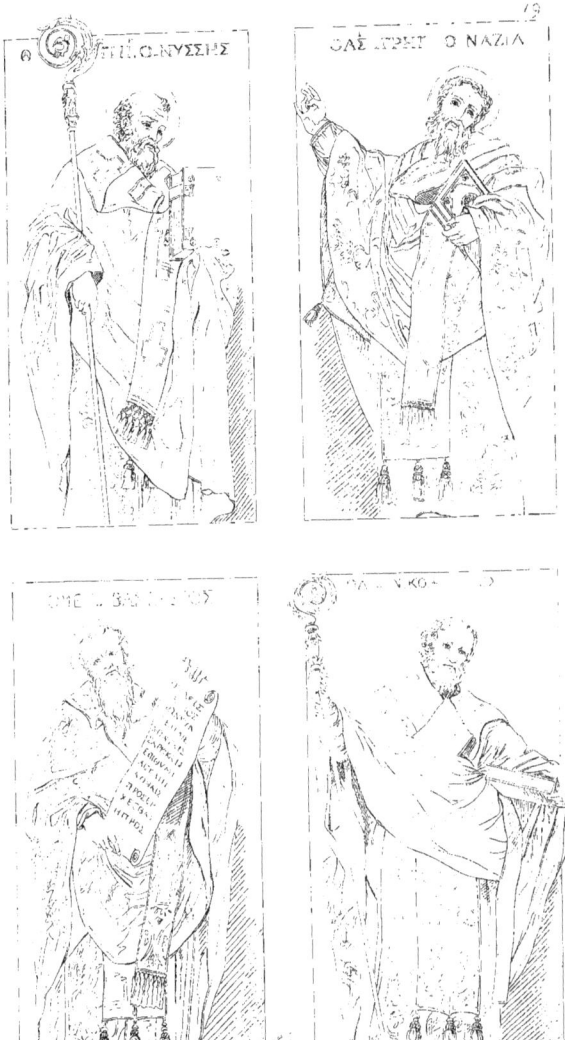

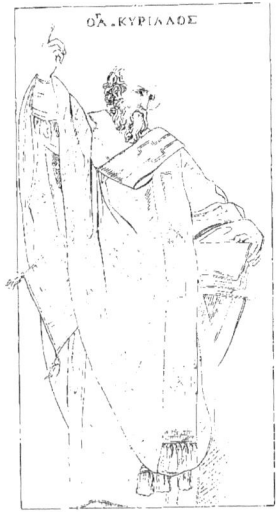
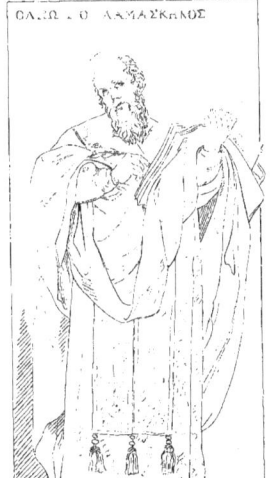
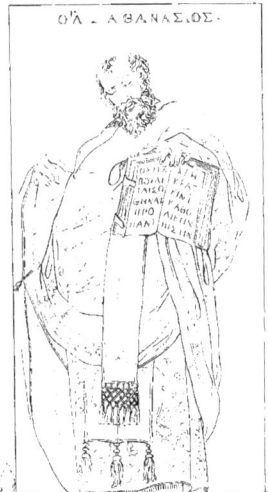

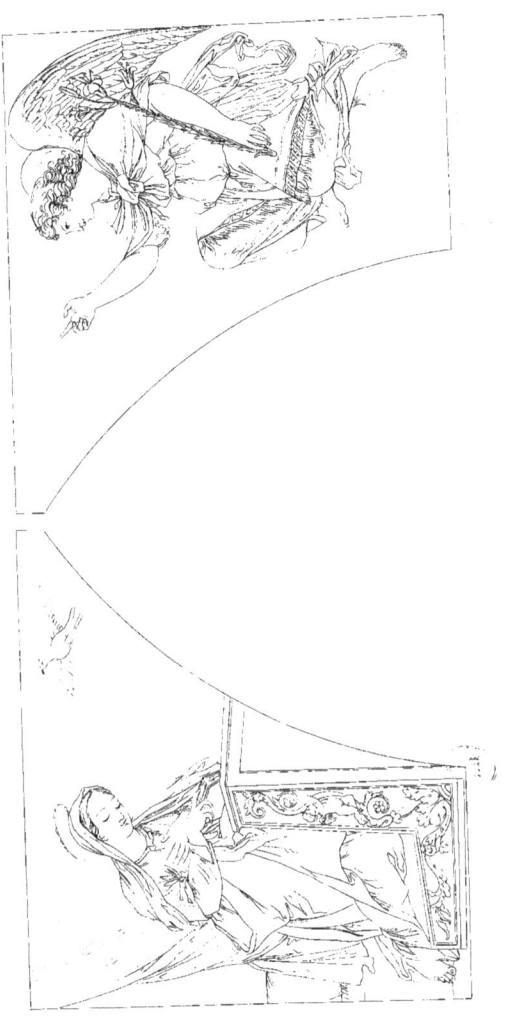

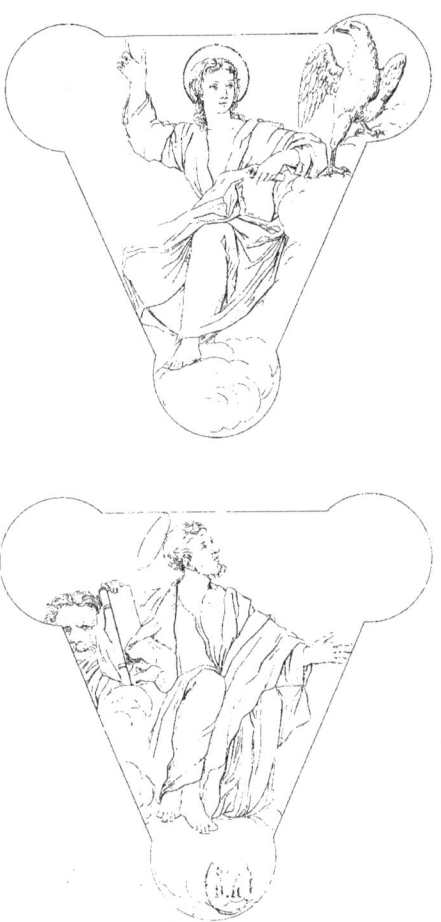

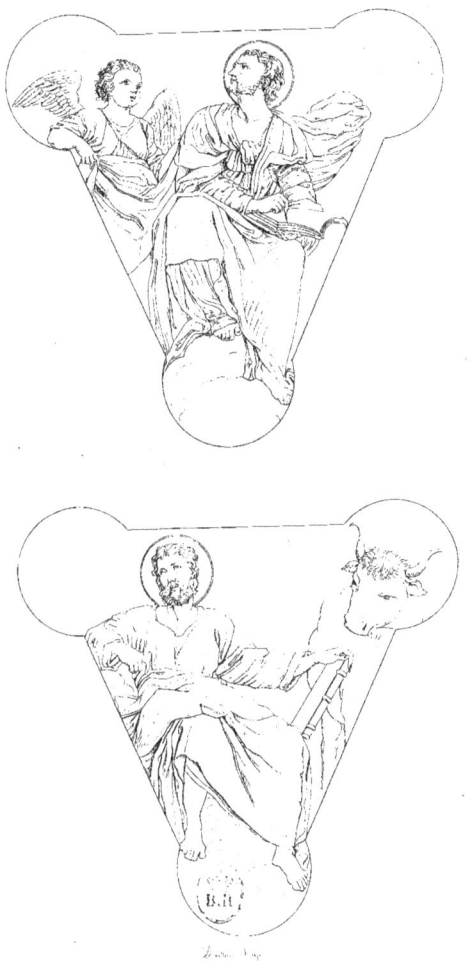

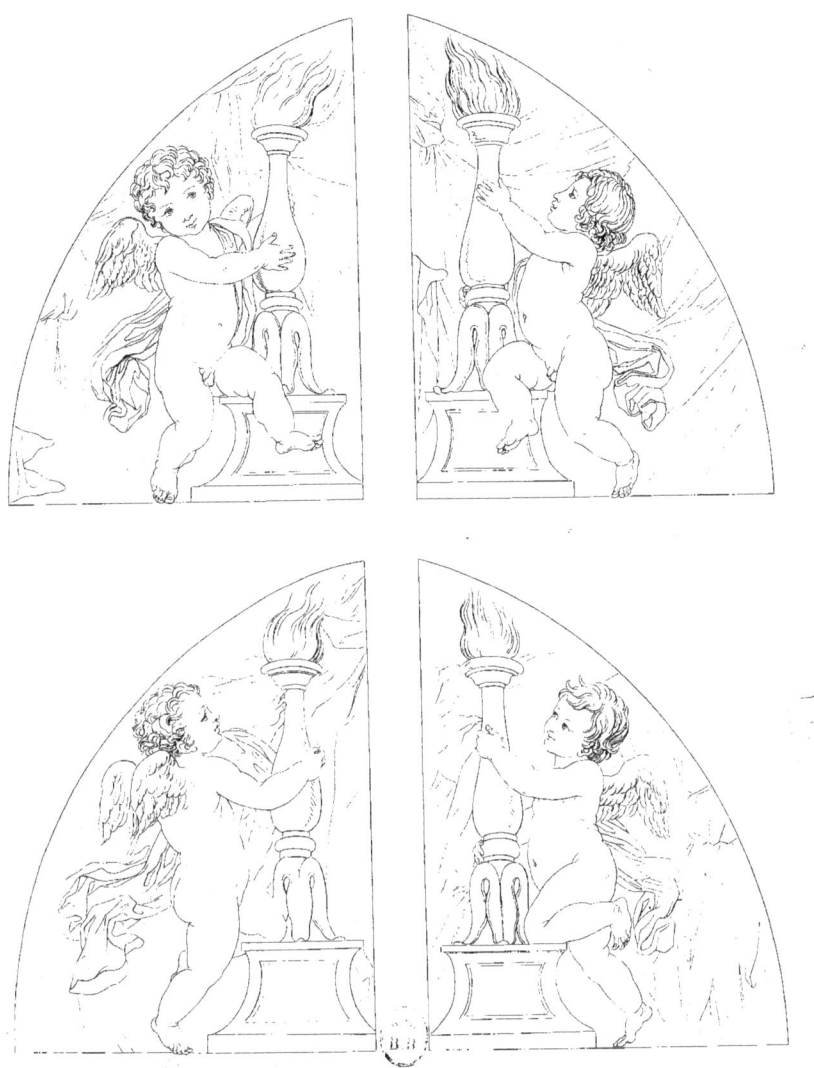

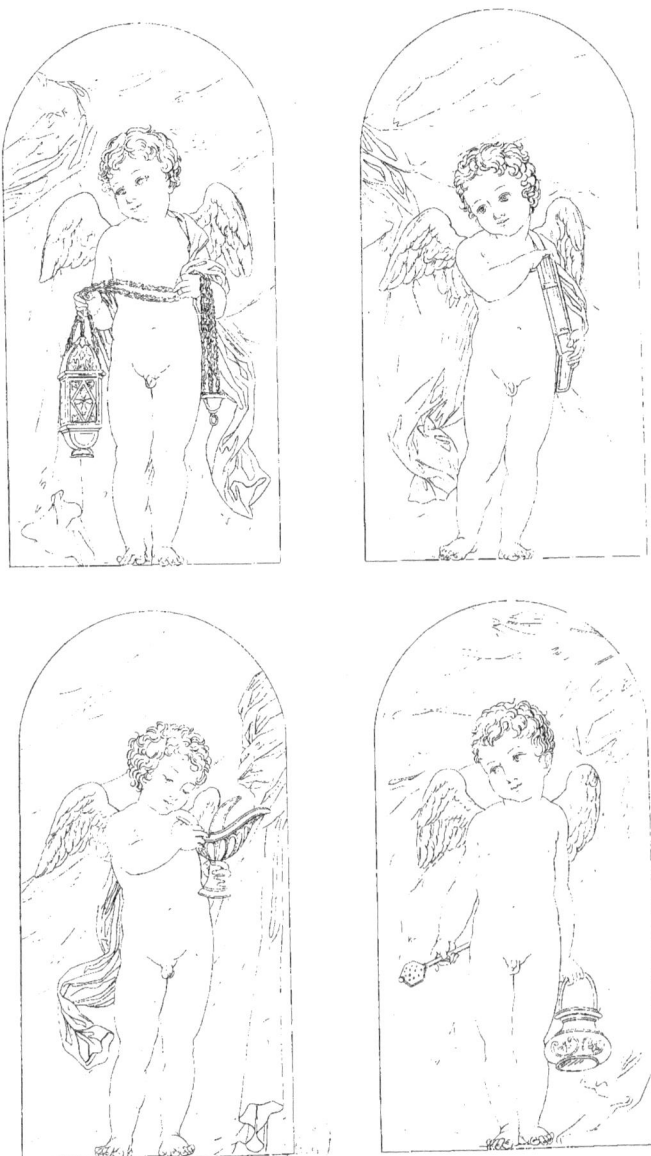

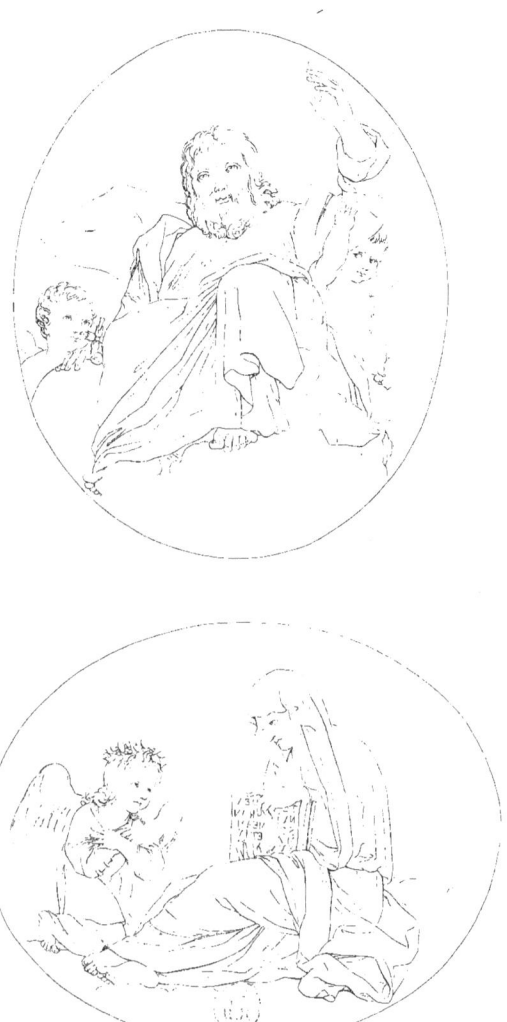

27

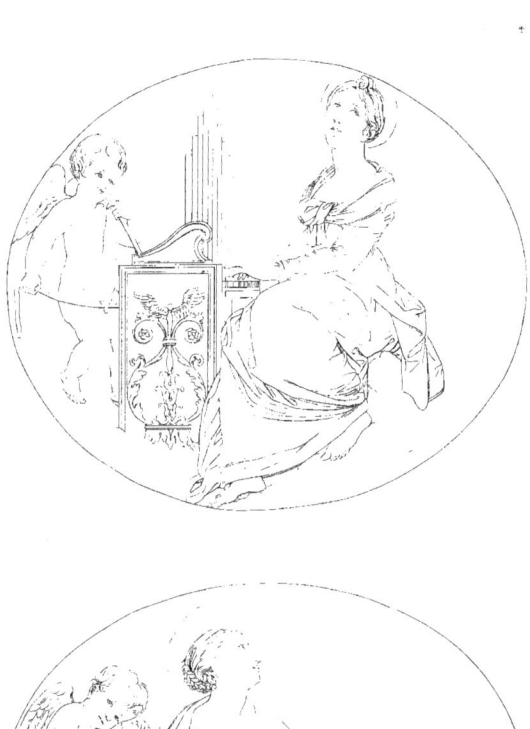

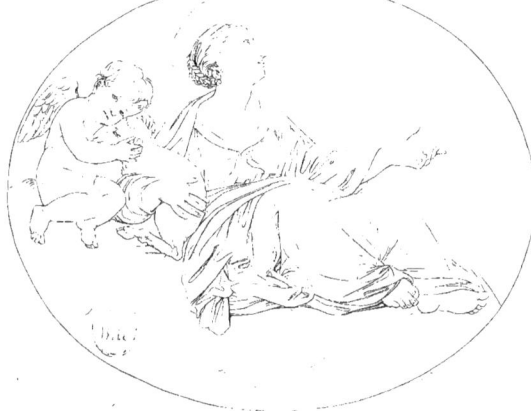

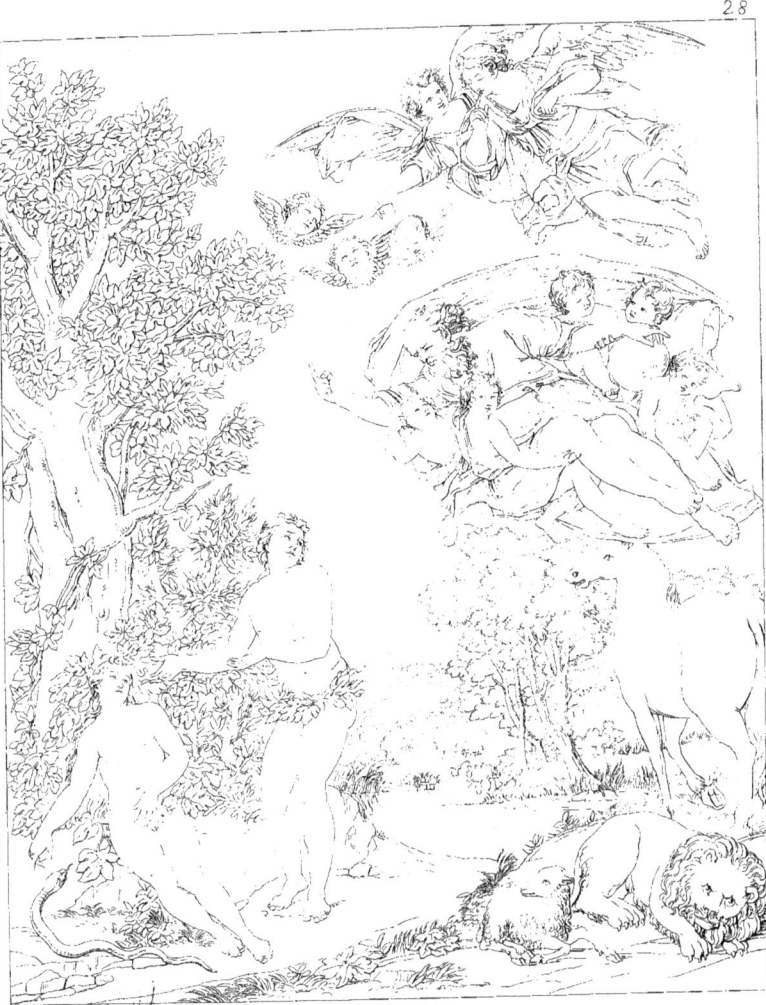

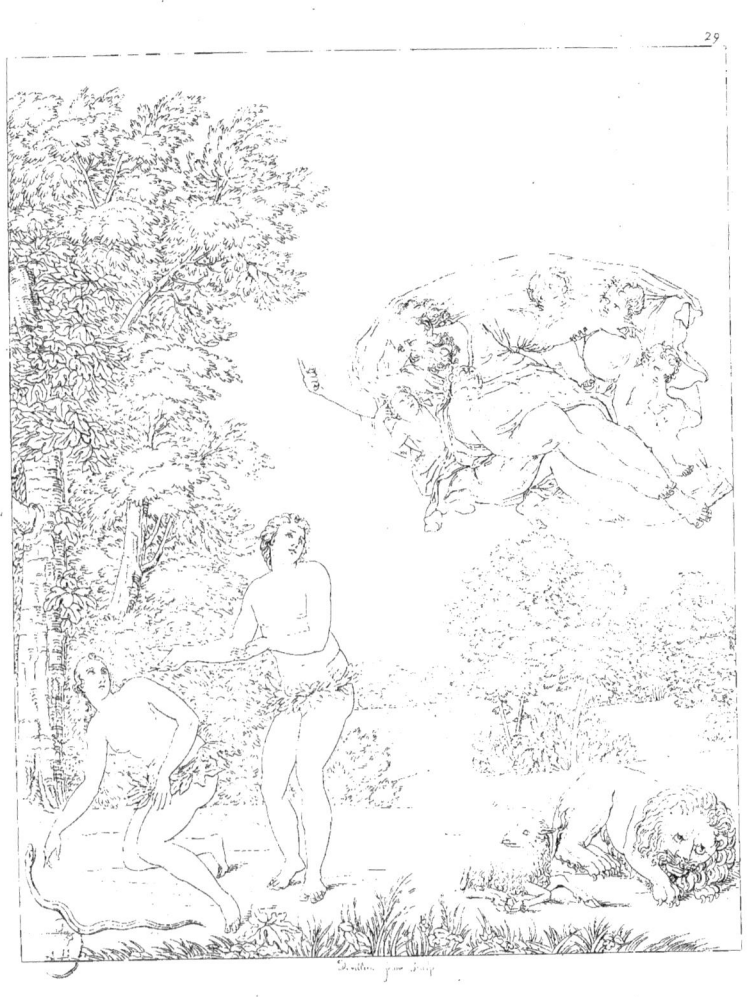

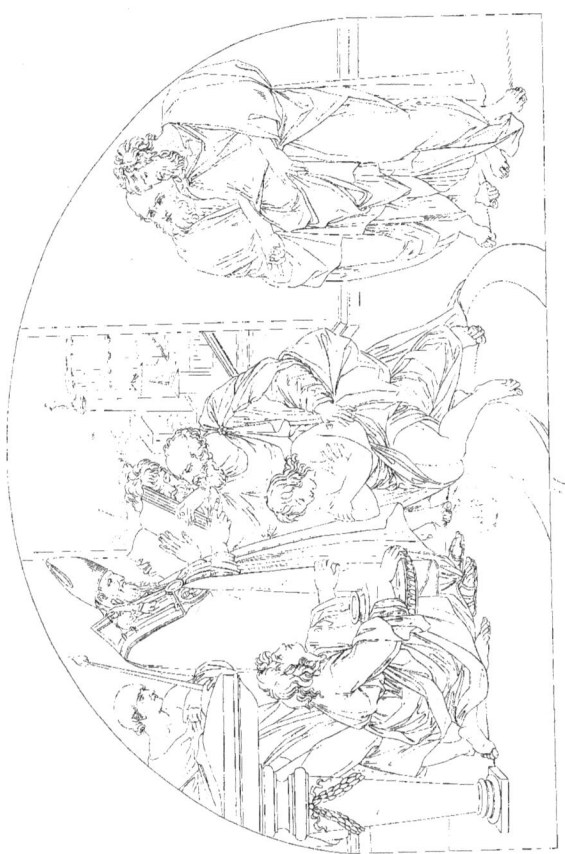

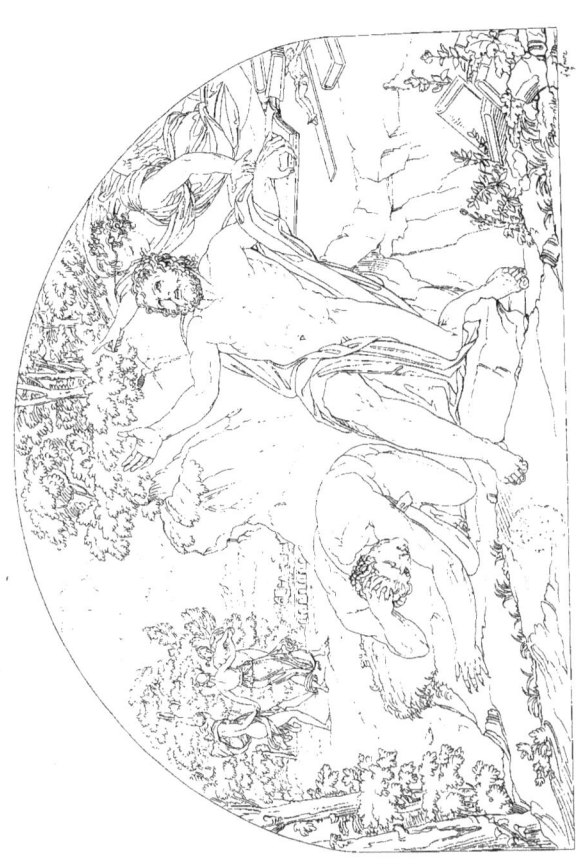

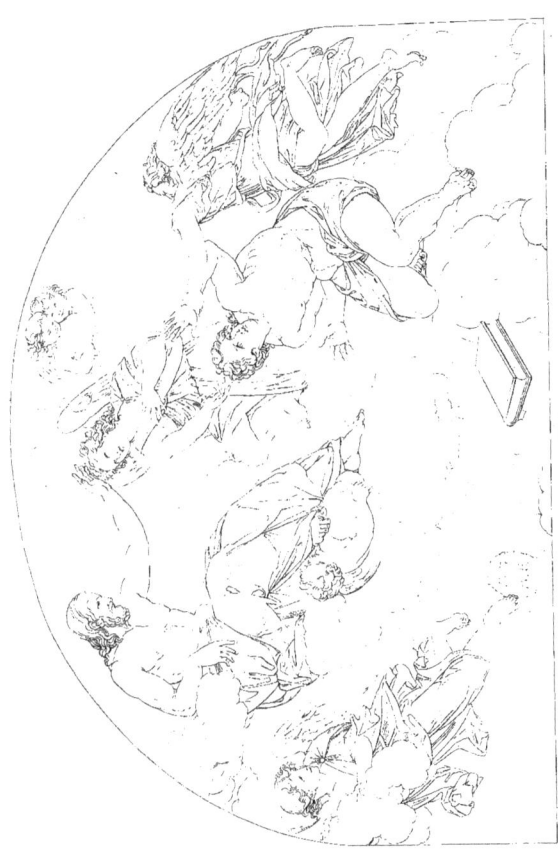

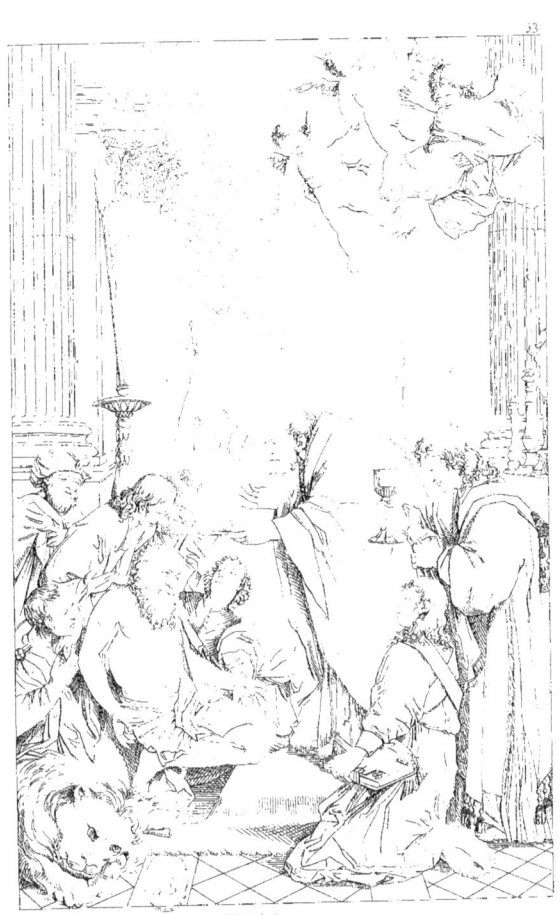

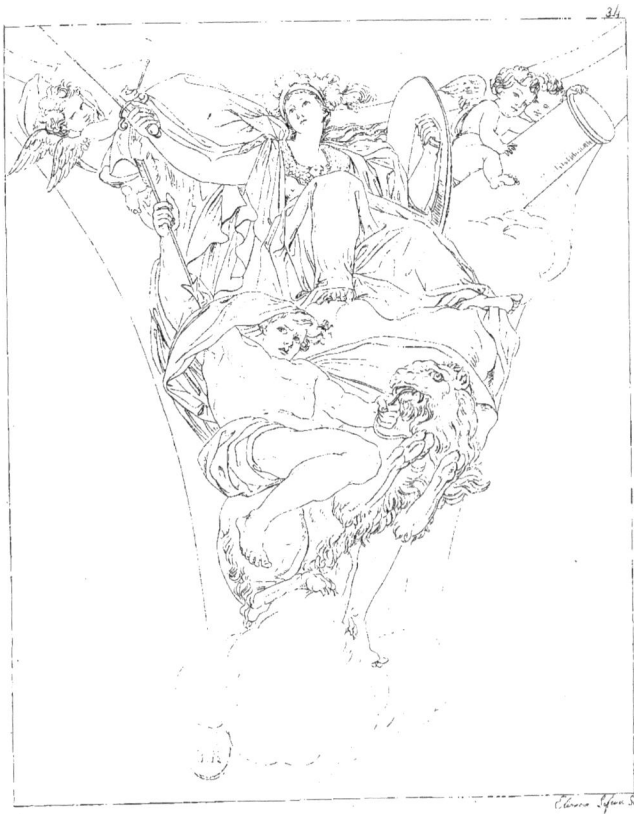

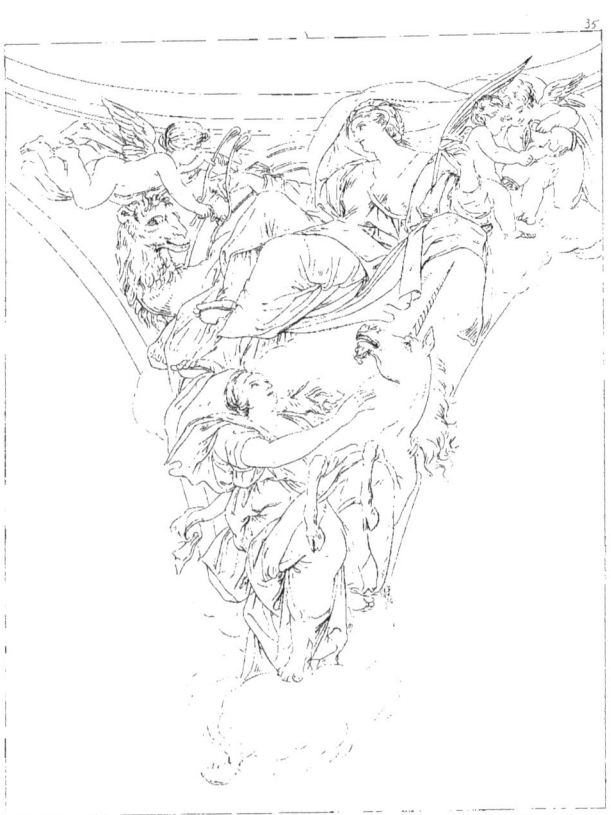

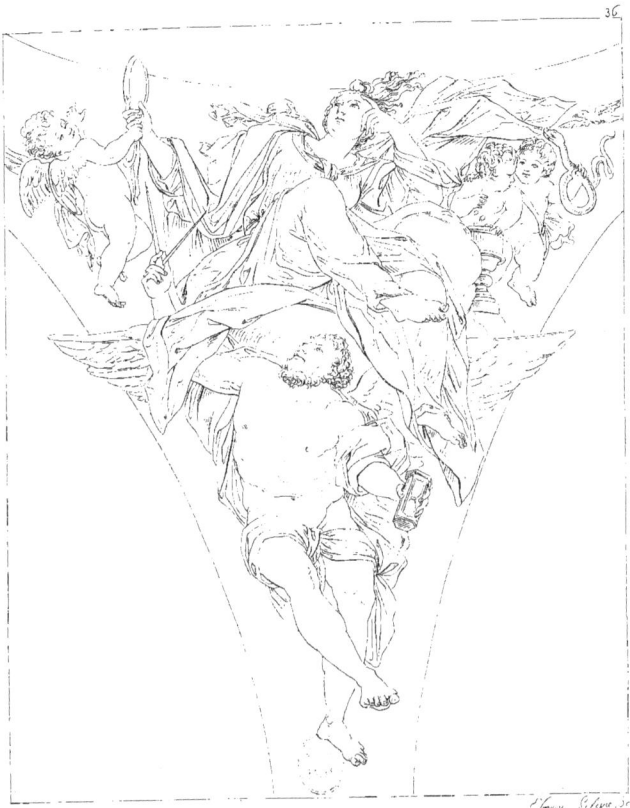

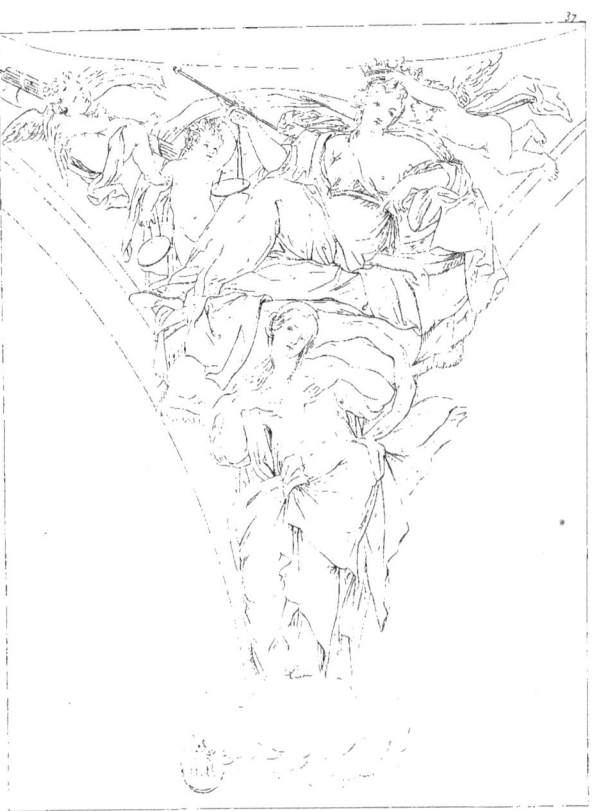

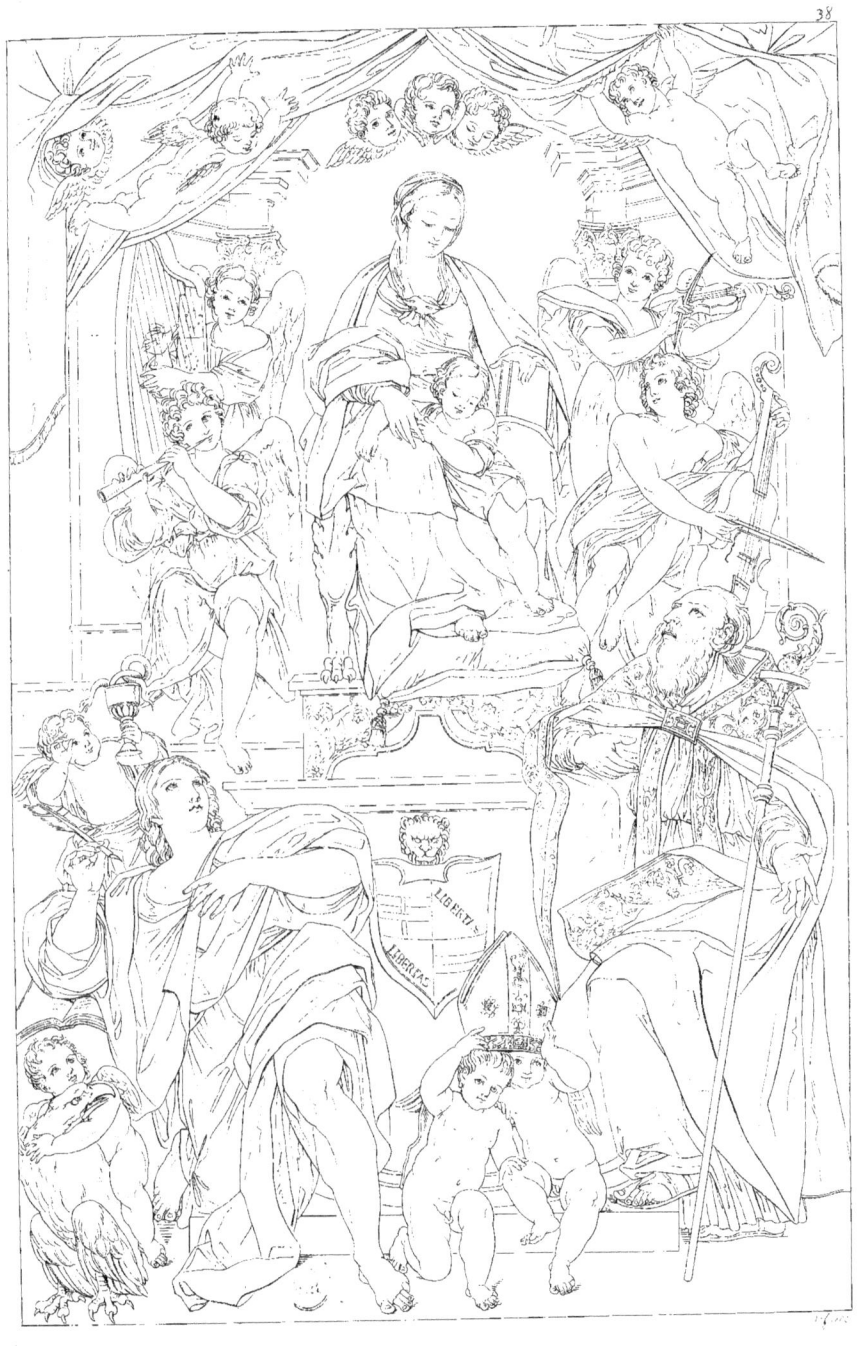

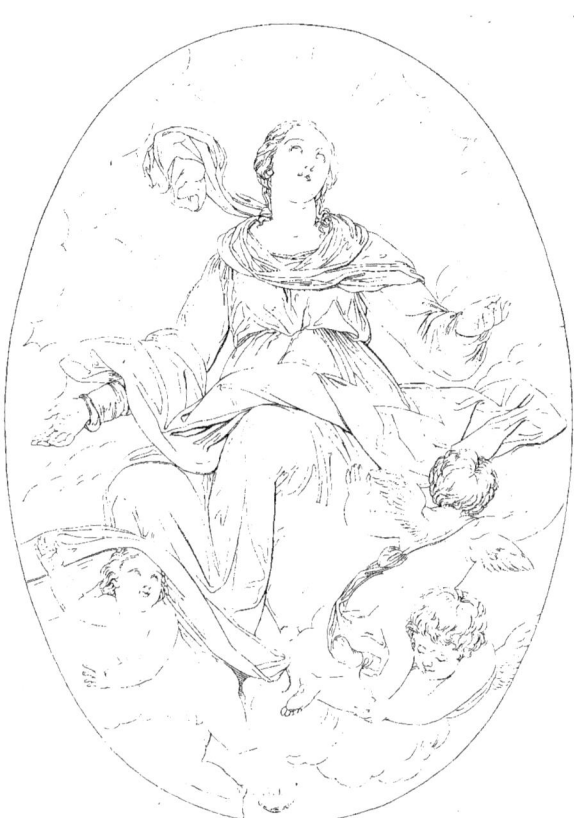

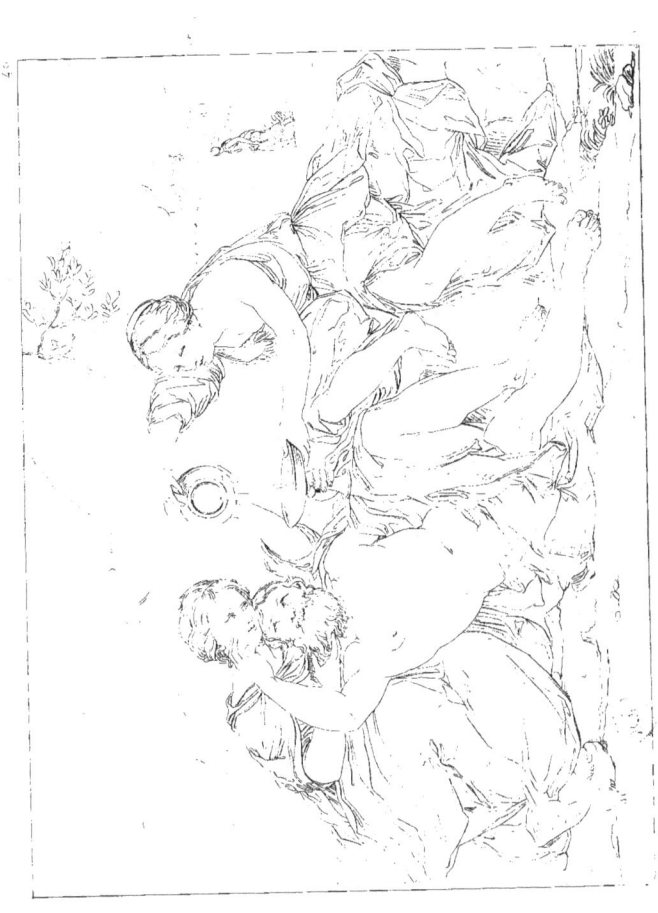

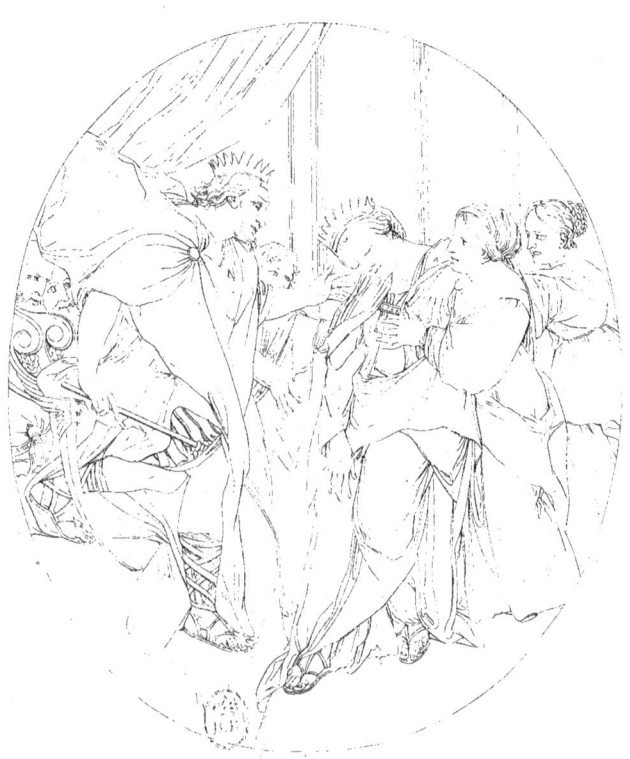

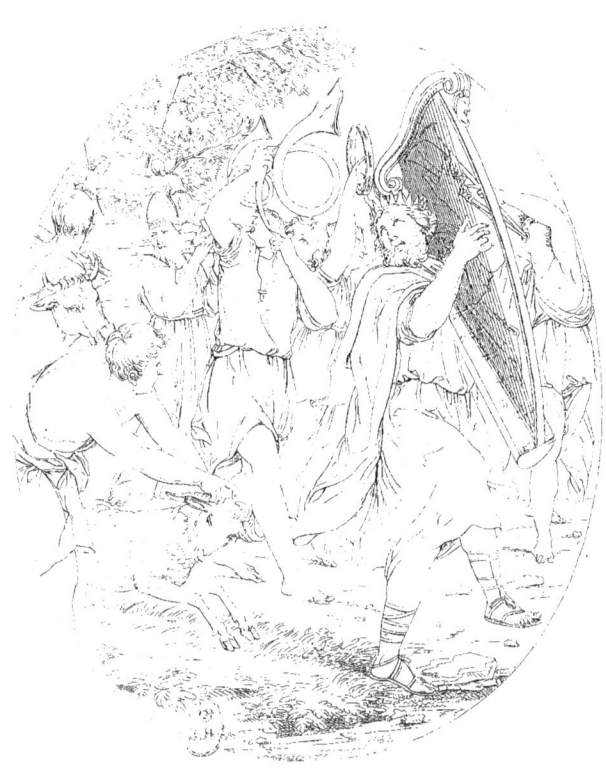

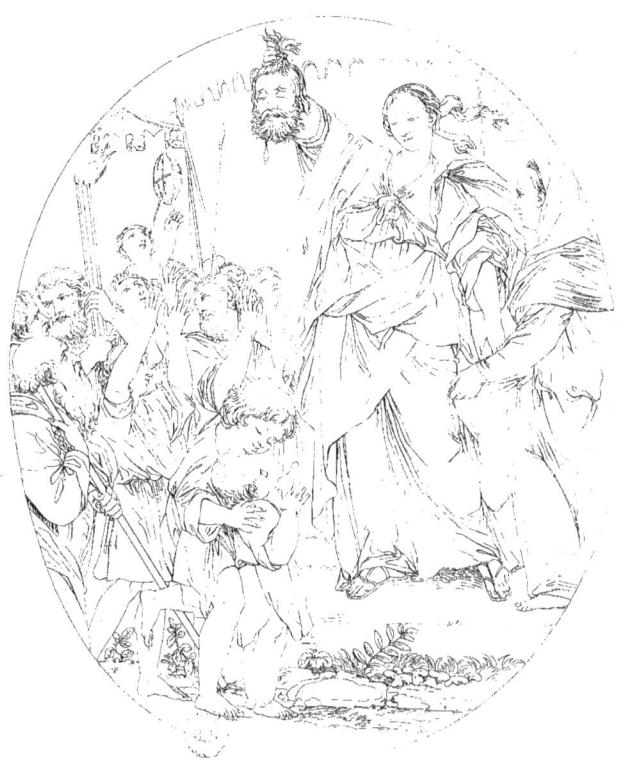

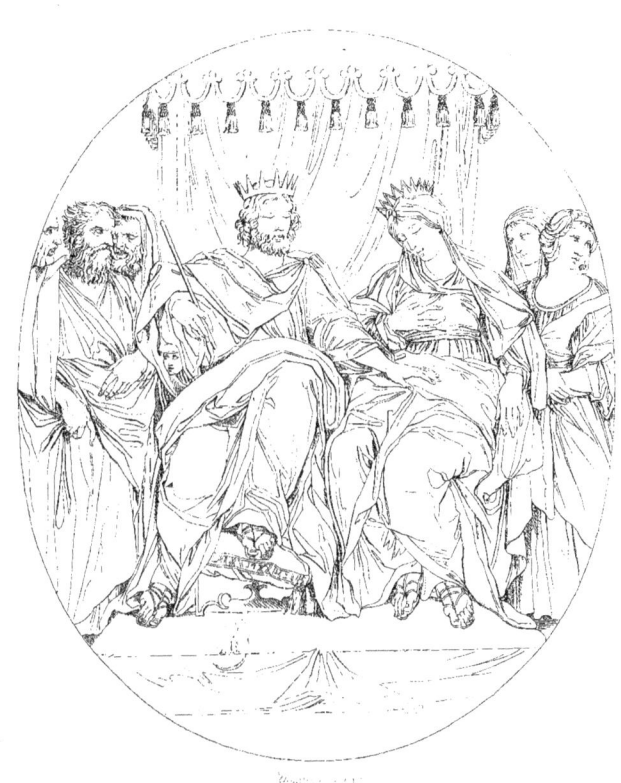

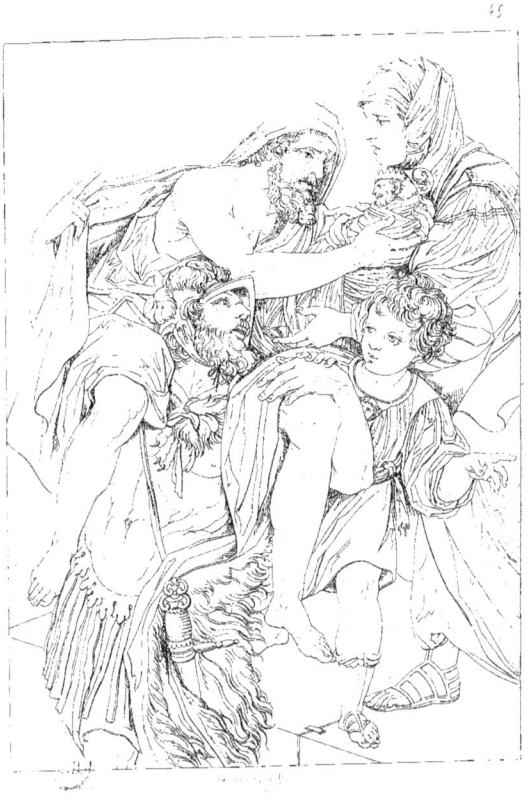

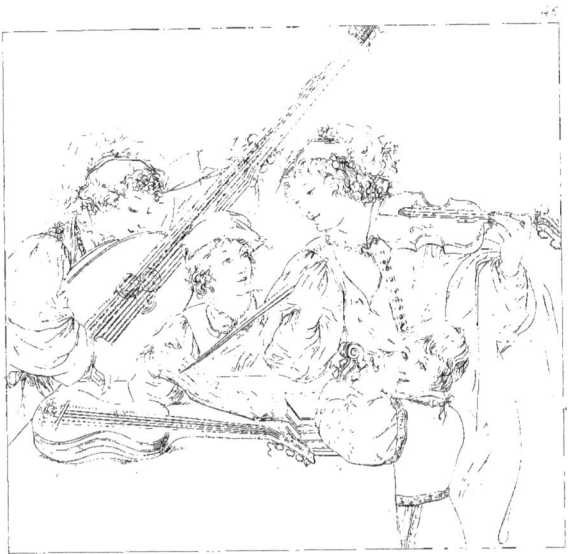

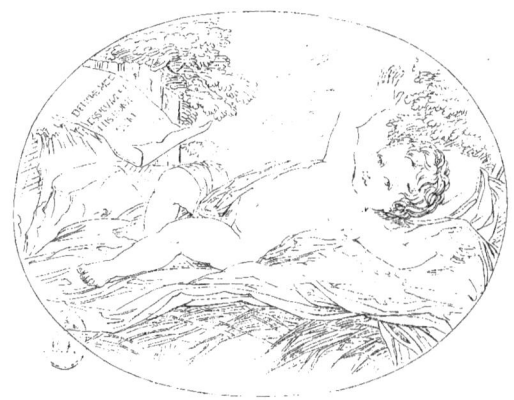

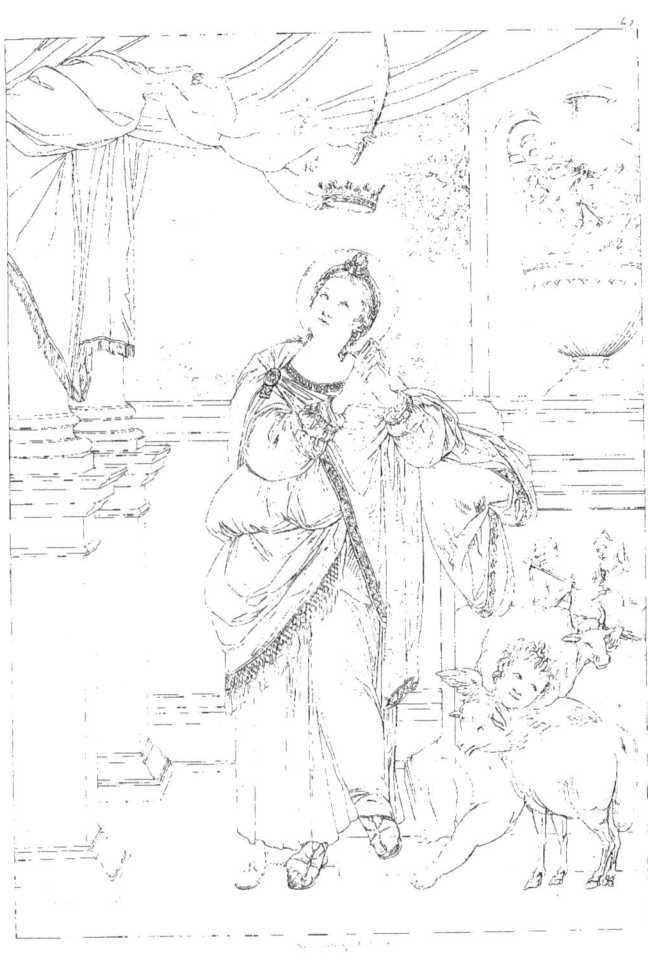

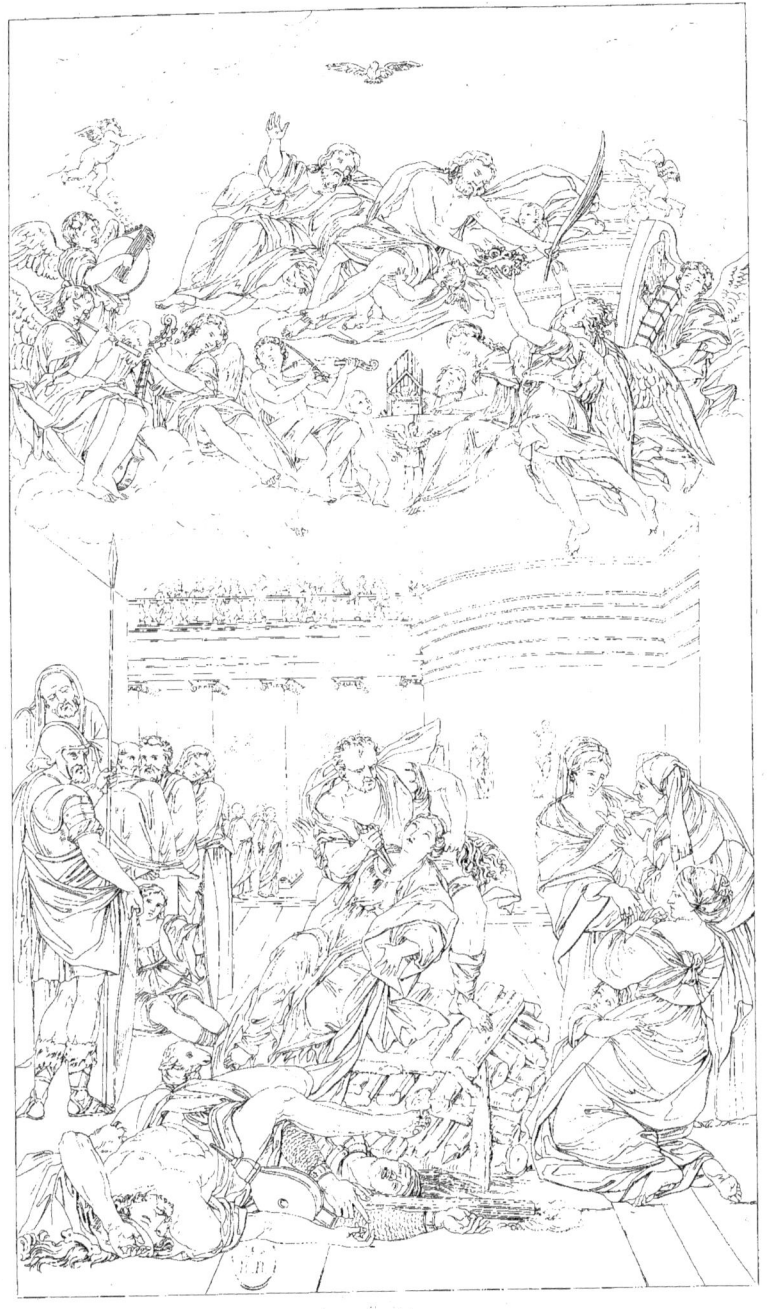

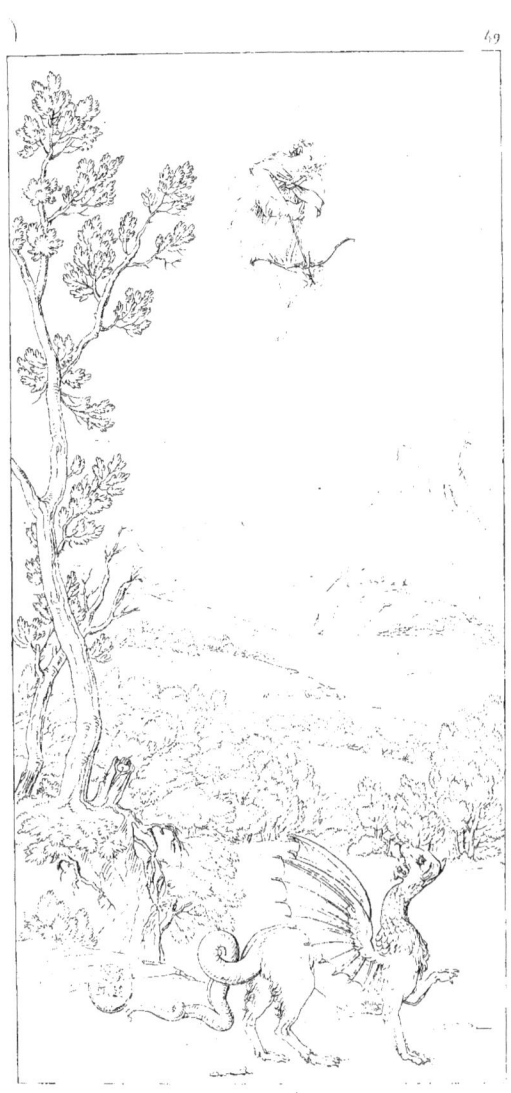

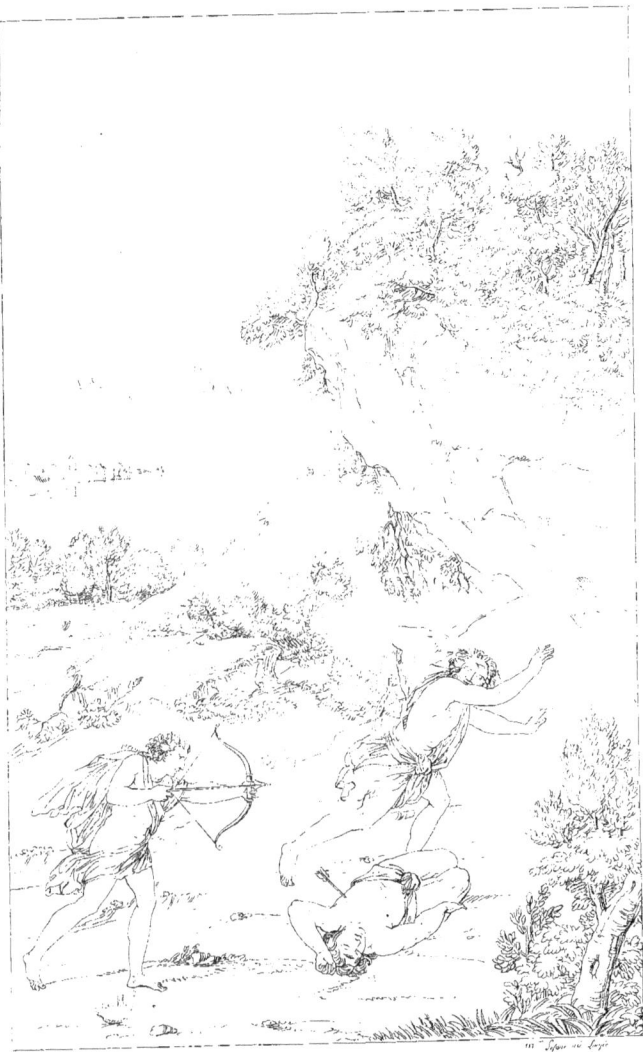

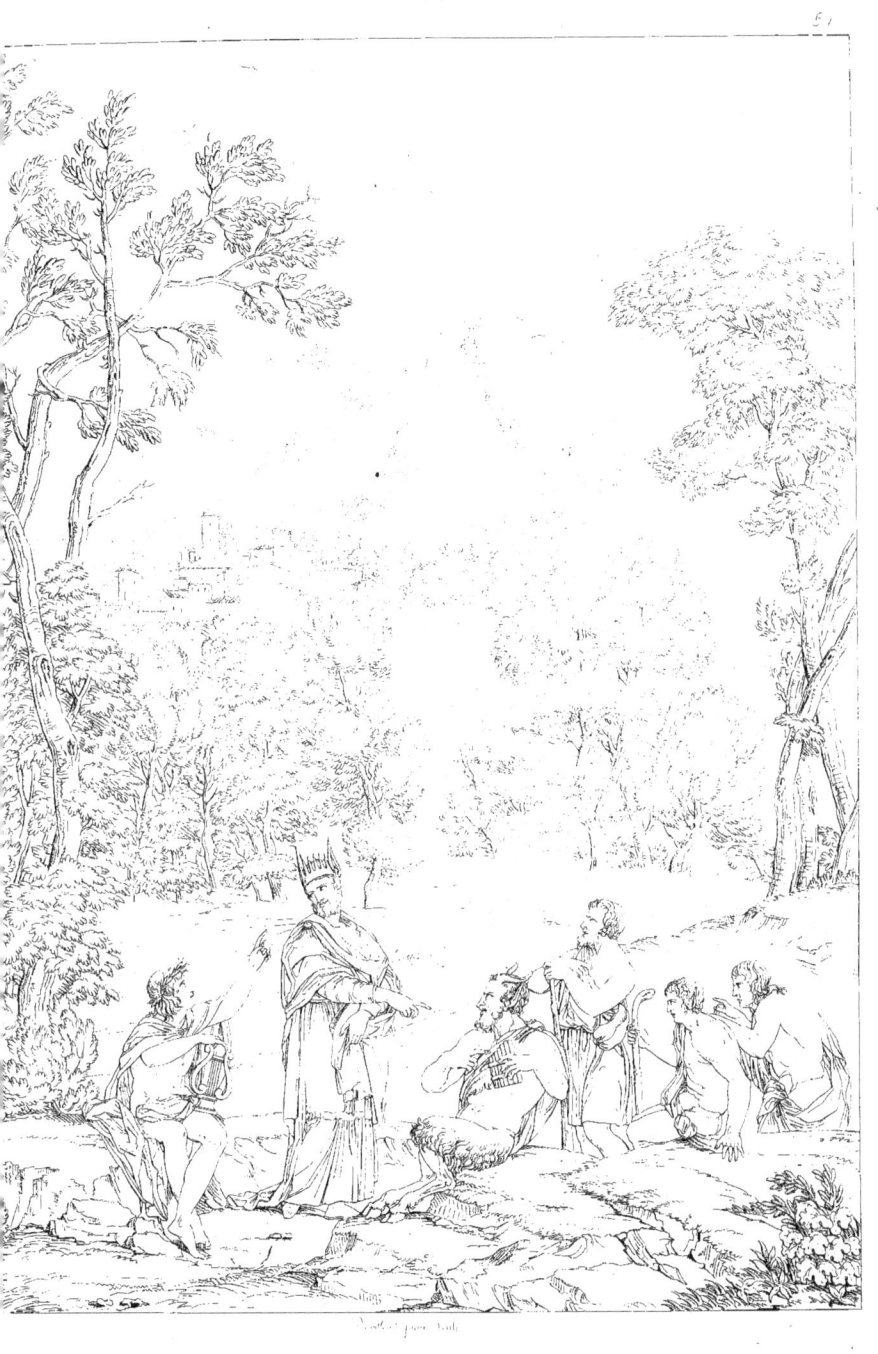

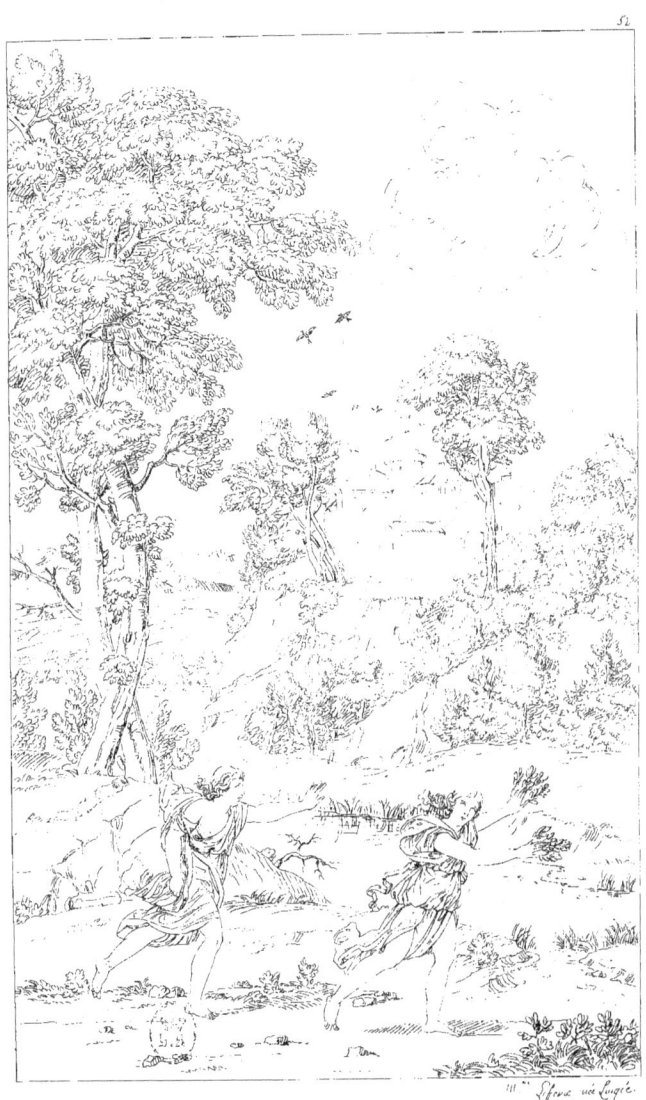

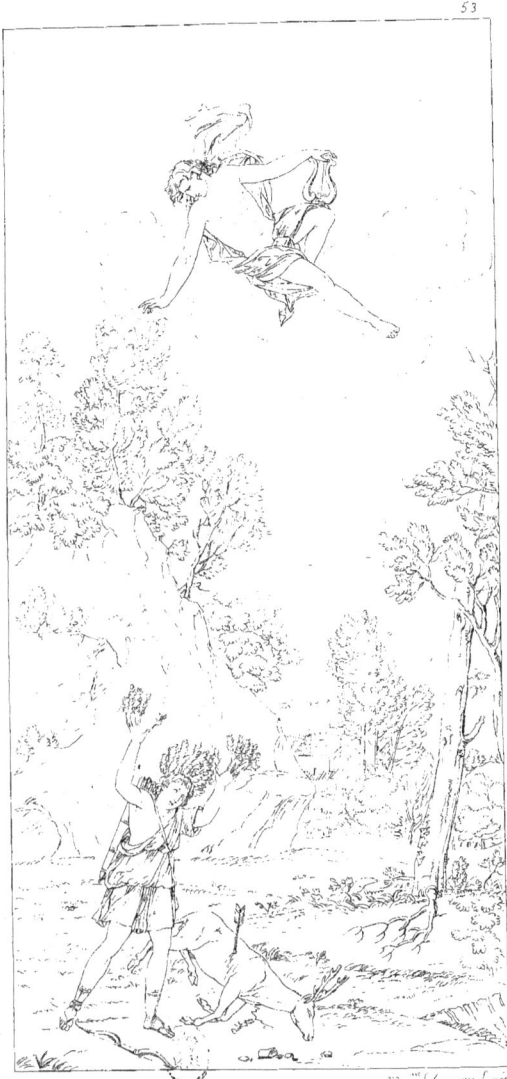

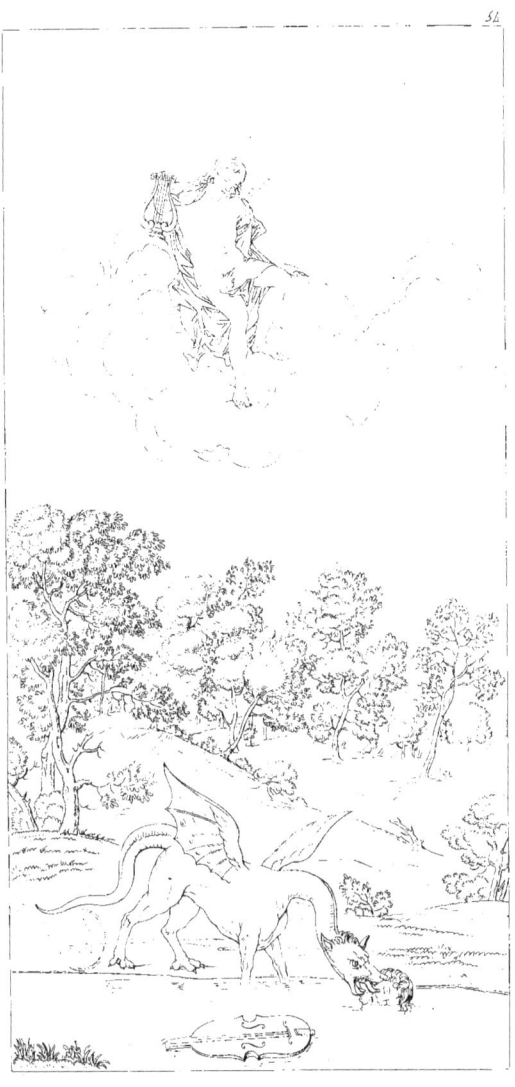

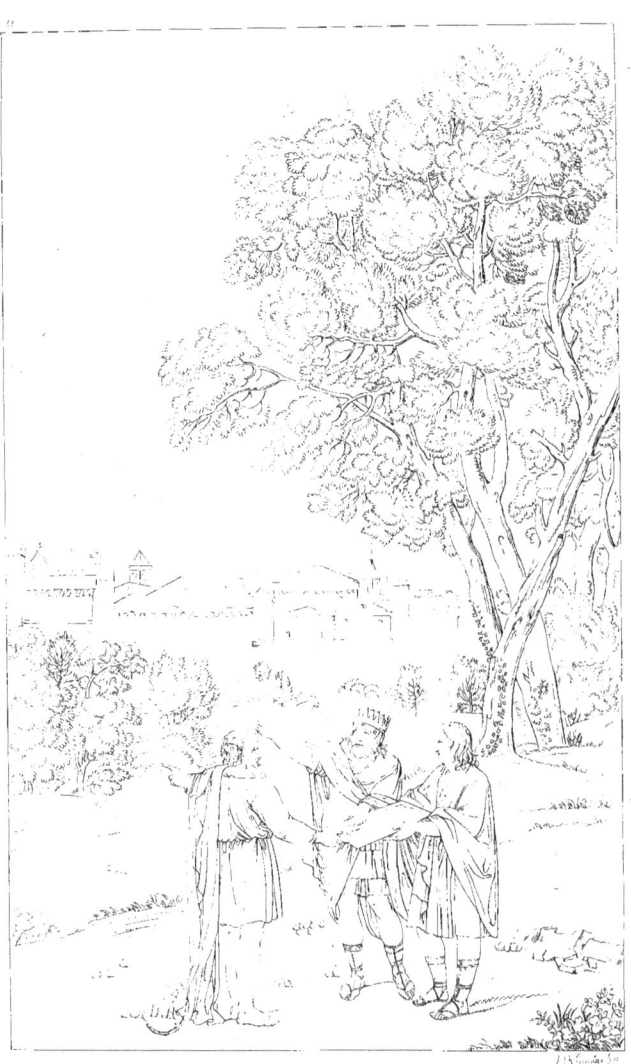

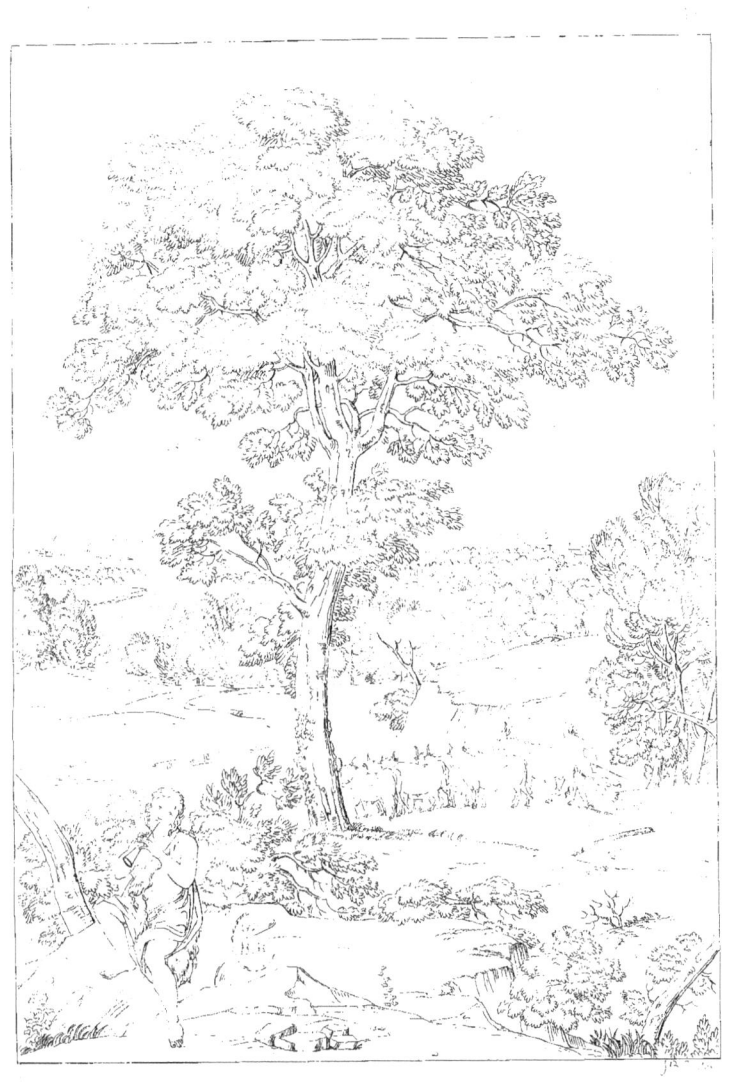

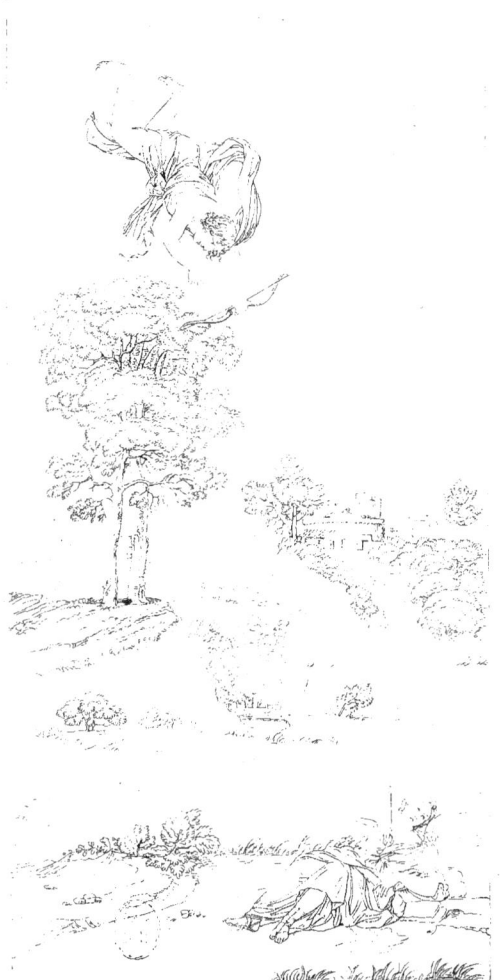

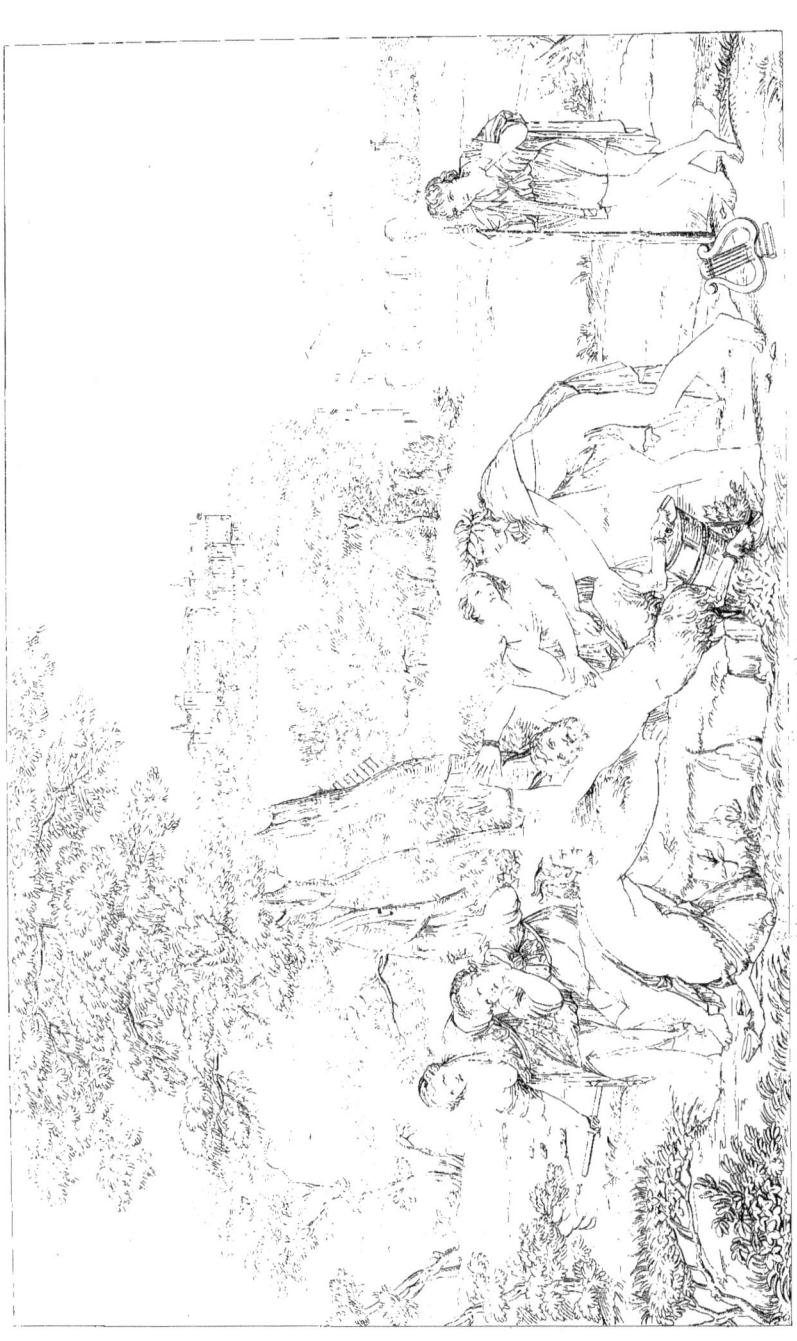

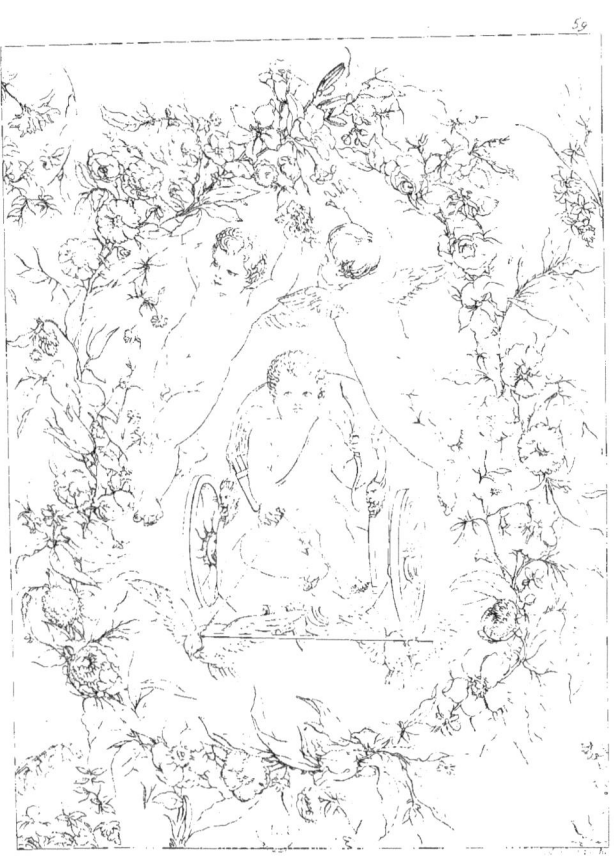

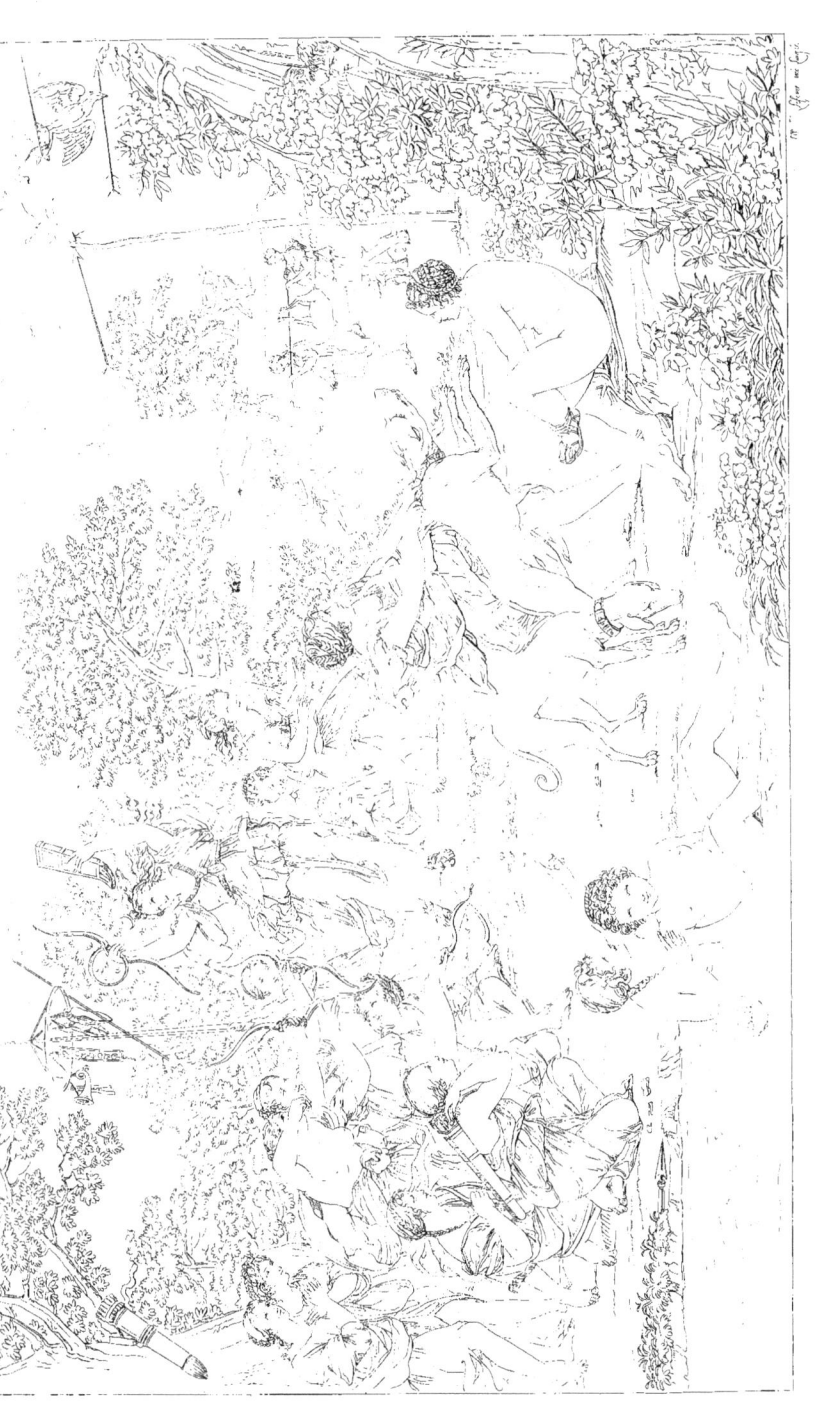

www.ingramcontent.com/pod-product-compliance
Lightning Source LLC
Chambersburg PA
CBHW050217230526
45470CB00001B/420